国家出版基金项目
NATIONAL PUBLICATION FOUNDATION

中华民族文化大系

【土族】

高原彩虹

主编　鄂崇荣

总顾问单位　国家民族事务委员会

上海锦绣文章出版社　上海文化出版社

中华民族文化大系

《高原彩虹——土族》

主　编

鄂崇荣（土族）　青海省社会科学院研究员

撰稿专家（按章节顺序排列）

张　前（土族）　《青海社会科学》编辑部编审

张生寅（土族）　青海省社会科学院研究员

鄂崇荣（土族）　青海省社会科学院研究员

胡　芳（土族）　青海省社会科学院研究员

毕艳君（土族）　青海省社会科学院研究员

身着彩虹花袖衫的土族人生活在青藏高原东北边缘的河湟谷地（图／保广元）

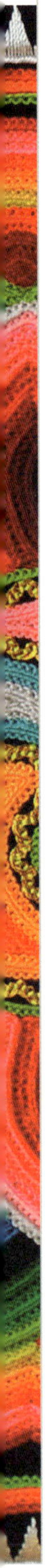

张　翠	张锦鹏
陈　倩	陈　徽
陈丹正	陈勤建
罗春寒(水族)	和少英(纳西族)
金黎燕(景颇族)	周亚成
周志军	周国茂(布依族)
周艳梅	郑继强(仡佬族)
房剑森	孟旭彦
赵卫星	赵昌平
郝苏民(回族)	胡文明(普米族)
段　超(土家族)	俞惠煜
姜复生	姜逸青
袁晓文(藏族)	都永浩(朝鲜族)
贾合甫·米尔扎汗(哈萨克族)	夏　蒙
夏一鸣	热依拉·达吾提(维吾尔族)
铁穆尔(裕固族)	徐　炯
徐艺乙	高志英(纳西族)
高韵斐	郭　锐(佤族)
郭志超(回族)	郭建斌
黄永松	曹先强(阿昌族)
鄂崇荣(土族)	康南山(傣族)
彭卫国(土家族)	葛剑雄
蒋澄澜	傅爱明
街顺宝(彝族)	童翔蔚
蓝炯熹(畲族)	赖永良(德昂族)
蔡武成(傈僳族)	阚宁辉
樊人龙	滕春华(俄罗斯族)
颜莹舫	毅　松(达斡尔族)

欢颜(图/任建军)

弘扬优秀民族文化
打造传世文化精品

中国自古就是一个统一的、多民族的国家，各民族之间交往频繁，相互依存，相互融通，血肉相连。上下五千年的中国史，就是各民族交往交流交融的历史，各民族的交往交流交融也是中华民族自我完善发展的强大推力。我国各民族都是中华民族大家庭中的成员，各民族团结进步是中华民族的生命所在、力量所在、希望所在。只有加强各民族交往交流交融，在共同生产生活和工作学习中加深了解、增进感情，才能促进各民族和睦相处，像石榴籽那样紧紧抱在一起，在中华民族大家庭中守望相助、和谐共生。

文化是民族的精神血脉，积淀着民族深沉的精神追求，代表着民族独特的精神标识，文化自信是国家发展更基本、更深层、更持久的力量。中华文化是一个有机的整体，优秀的民族文化是中华民族深厚的历史文化和丰富的人文风情的重要组成部分。中国56个民族的文化尽管个性纷呈，但是它们都深深根植于整个中华民族文化的丰厚土壤里，既特色多元又融为一体，“各美其美，美美与共”，共同创造了源远流长、灿烂辉煌的中华文化，对延续和发展中华文明、促进人类文明进步，发挥着非常重要的作用。

各民族优秀的文化事项和文化元素，不仅是各民族的文明精华，更是今天整个中国文化大发展的源头和根基。我们要坚持辩证唯物主义和历史唯物主义，不断赋予新的时代内涵和现代表达形式，不断补充、拓展、完善，使中华民族最基本的文化基因与当代文化相适应、与现代社会相协调、与时代需求相结合。优秀的民族文化元素一旦与现代理念和技术相结合，必将焕发出勃勃生机，有利于中华文化在今天的世界多元文化中彰显出自己的特色与个性，有利于促进新一轮的中华文化大发展。

习近平总书记在中央民族工作会议上指示:“让各族人民增强对伟大祖国的认同、对中华民族的认同、对中华文化的认同、对中国特色社会主义道路的认同。我们越是接近民族复兴的目标,就越需要汇聚全民族的磅礴之力。”民族问题是事关国家长治久安的核心和要害问题,民族团结是实现中华民族伟大复兴中国梦的基石和“助推器”,向广大民众展示、解读、传播、弘扬各民族优秀文化,促进各民族相互了解、相互尊重、相互包容、相互欣赏、相互学习、相互帮助,具有十分重要的意义,是非常必要、非常迫切的任务。只有加强民族之间的相互了解,才能消除偏见和误会,让民族团结之花常开长盛,共建美好的中华民族大家园。

上海故事会文化传媒有限公司、上海市国际文化传播协会、上海文坊文化传播有限公司多年来一直致力于中华民族优秀传统文化的弘扬及其创造性转化和创新性发展,取得了诸多成果。由三家单位策划的这套“中华民族文化大系”大型丛书汇集众多民族文化研究成果,集聚一流的民族文化专家学者,解读各民族悠久灿烂的文化,展示中华民族共同的精神家园,极大丰富了国民的文化认知。为配合做好新形势下的民族工作,出版这类既有主体观、本土观,也有他者观、国家观,既立足于学术,又为群众喜闻乐见的普及型著作,可谓恰当其时。这套丛书虽然是一部以传统纸质印制的图书,但又不拘泥于纸张,利用现代理念和技术进行文化整合创新,使传统图书与各种新兴媒体表现手段有机结合,在可读性、大众化方面进行了独具中国特色和当下风格的内容表达与视觉呈现的探索,以期让读者获得更完整、更全面的阅读体验。

我国众多民族与周边各国的民族和人民之间有着千丝万缕的联系,而民族文化具有独特的魅力以及广泛的文化传播力,尤其是与“一带一路”国家战略高度契合。希望这套丛书可以推动中华优秀文化的国际传播,推动中外文化的交流互鉴,成为中国民族文化“走出去”的力作。同时,这套丛书也将以令人信服的内容成为世界准确客观了解中国的窗口,并回答国际社会对我国民族问题的关切和期待。

2016年12月29日,习近平总书记致信祝贺《大辞海》出版暨《辞海》第一版面世80周年,对出版工作作出了“坚定文化自信,坚持改革创新,打造传世精品”的重要指示,作为富有责任感、使命感的出版文化工作者,我们更有义务做好弘扬优秀民族文化、打造传世精品的工作,讲好中国故事,谱写中国篇章,宣传中国文化,担当中华优秀文化的传承者和守卫者。

本书编委会

2017年6月

目录 CONTENT

目录 CONTENT

第2章
高原土族的往昔岁月
历史
51

目录 CONTENT

第3章
丰富多元的精神世界
宗教
79

目录 CONTENT

第4章
口耳相传的文化密码
民间文学
99

目录 CONTENT

目录 CONTENT

目录　CONTENT

土族便是在这样一个从地理、文化、宗教、军事等几乎每个方面都处于边缘的地带谋得一隅立足之地，不仅在夹缝中求得长久的生存延续，更博采众长、兼容并蓄，吸纳多民族优秀文化为己用，以开放包容却充满智慧的处世哲学构建了多元复合的民族文化，就像是土族妇女常常穿着的赤、橙、蓝、白、黄、绿、黑七色布块缝合的花袖衫一样，被称为是彩虹文化。

文化彩虹中穿越
多重边缘中突破

鄂崇荣(土族)
青海省社会科学院研究员

古老的水磨吱吱呀呀地转动着，述说着土族先辈的传说(图 / 张生寅)

《打核桃》

扫描二维码，优美的音乐会在您耳边响起

主编肖像绘制 / 丁德武

》在青藏高原东北部，层峦叠嶂的祁连山南麓，河湟两岸的广阔地域，生活着近30万勤劳勇敢、善良朴实、宽厚好客而又能歌善舞的土族人民。这里是汉族、藏族、蒙古族、回族、撒拉族等多民族杂居而处的地带，也是游牧文化与农耕文化的过渡地带；这里是中原儒释道文化与西藏佛教本教文化、西亚伊斯兰文化、北方萨满文化的接触交叉地带，也是古往今来中原与西域或战或和、军事政治力量拉锯牵制的地带。土族便是在这样一个从地理、文化、宗教、军事等几乎每个方面都处于边缘的地带谋得一隅之地，不仅在夹缝中求得长久的生存延续，更博采众长、兼容并蓄，吸纳多民族优秀文化为己用，以开放包容却充满智慧的处世哲学构建了多元复合的民族文化，就像是土族妇女常常穿着的赤、橙、蓝、白、黄、绿、黑七色布块缝合的花袖衫一样，被称为彩虹文化。

》从彩虹般绚丽的土族传统服饰到融信仰与审美于一体的唐卡绘画艺术，从神奇浪漫的神话故事到雄浑悲壮的英雄史诗，从古朴深厚的民俗生活到丰富多彩的音乐舞蹈，无一不体现着土族传统文化广博而深厚的根基。而精美绝伦、绣法独到的土族盘绣，全民狂欢两月之久的丰收节庆——土族纳顿，工艺传统、稞香四溢的土族酩馏酒，历史悠久的神秘傩舞——土族於菟，也都是闻名海内外的显著的土族文化标志。

在文化夹缝中练就开放包容的民族性格

在迁徙与融合中成长的民族

》 土族是古代鲜卑族的后裔，源于赫赫有名的吐谷（yù）浑，属辽东鲜卑慕容部的一支，西晋永嘉（307—312）年间，因水草之争，兄弟失和，作为庶长兄的吐谷浑率1700余帐部族从东北徒河之青山（今辽宁义县东北）踏上了西迁的征程。在西迁过程中阴山、陇右部落加入，最后迁居青藏高原，完成民族迁徙使命，逐渐与当地主要民族羌族杂居融合。后其孙叶延，以祖父名为国号和部族名。此后吐谷浑人先后兼并青海鲜卑、乞伏鲜卑、秃发鲜卑以及铁弗匈奴，形成了稳定的民族共同体。吐谷浑汗国最强盛时期，其疆域东起甘肃南部、四川西北，南抵今青海南部，西到今新疆。历史上土族与羌、氐、匈奴、鲜卑、吐蕃、回鹘、党项、蒙古等多个民族都有接触、融合，可以说与他民族的融合贯穿了土族历史的始终。

》 在甘肃兰州阿干镇一带曾流行过一首《阿干之歌》（“阿干”一词是土语兄长“阿吾”的变音），后被陈澄之先生收录在其编著的《伊犁烟云录》一书中。一些学者认为甘肃兰州阿干镇一带曾是吐谷浑后裔流亡聚居、繁衍生息之处，此

宁静的郭麻日村（图／视觉中国）

歌可能是吐谷浑王的同胞兄弟慕容廆因后悔激庶兄吐谷浑西迁，怀念手足之情而作。其辞曰：

阿干西，我心悲，
阿干欲归马不归。
为我谓马何太苦？
我阿干为阿干西。
阿干身苦寒，
辞我大棘往白兰。
我见落日不见阿干，
嗟嗟！人生能有几阿干！

扫描二维码欣赏民歌
《阿干之歌》

穿藏服的三川土族汉子
（图／胡芳）

》 钱穆先生说：“各地文化精神之不同，穷其根源，最先还是由于自然环境之区别，而影响其生活方式，再由生活方式影响到文化精神。”土族现所居住地区河湟流域是非常典型的民族杂居区，位于游牧文化与农耕文化半月形文化带的转折点上，多种宗教文化的接触或交叉结合地带。而河湟政治文化中心西宁“逼介青海，环拱诸番，径通准夷，南达三藏，自古为用武之地”，实属军事要塞。

》 在这样的地理环境中形成的土族文化是一种典型的连接地带文化，文化碰撞和融合成为贯穿土族民族发展过程的一条主线。历史上与他民族频繁接触和交往互动使得土族文化极易受到外部异质文化强烈而持久的影响。多元的生存环境塑造了土族坚韧、开放、包容的文化精神。河湟流域也是汉族、藏族、回族等民族文化的边缘和缓冲地带，文化地理环境的边缘性特征决定土族只有与外部文化和谐共处、积极汲取异文化精华，甚至还要学会忍耐妥协，放弃部分本民族文化，才能求得生存与发展。

多文化交融与过渡的半月形文化带

》 著名学者童恩正先生指出：在中华版图的框架内，存在着一条从东北至西南的边地半月形文化带。这条文化带，自新石器时代起一直是畜牧和半农半牧的民族繁衍生息的场所，它既是历史上华、戎集团的文明分野，同时又是其后诸族群彼此交往、互渗的文化传播带，而由于此地两边的农耕集团和游牧集团在环境与心态方面的不平衡，还导致了对双方都有深刻影响的历史后果。这个文化传播带是一条巨大的民族走廊，它由长城沿线以北东西向的草原民族走廊和沿青藏高原东部边缘南北走向的藏彝民族走廊所组成，其转折点正在河湟流域，表明河湟流域具有多民族文化走廊枢纽的地位。

》 在历史发展长河中，土族在周边主流文化或强势文化的包围之中，在长期与汉族、藏族等民族杂居的过程中，在坚韧地保持和发展本民族的固有特征和文化特质的同时，不可避免地大量吸收和借鉴汉族、藏族等民族的传统文化，并进行文化再生产，重新构筑了独具特色的民族文化。因此，正如著名人类学家许让神父所说，“土人的风俗虽极受它邻居汉人和近亲西藏人的影响，但还保持着它的原形。它们还可以表示许多古代社会组织和游牧生活的秘密”。如土族祖先崇拜中，“郭石特帝帝”出生于大冰雹之中的传说与鲜卑汗国可汗檀石槐的母亲吞雹而生檀石槐的故事母题相似；最富有民族特色的土族妇女头饰“扭达尔”的多种样式仍保留着与先民吐谷浑的历史文化渊源，象征着不同的社会等级；互助土族地区的二次葬习俗和婚俗中牵赶象征纯洁、财富的白母羊等习俗隐含着古代羌族的遗俗。

笑容灿烂的土族老人
（图／王玫）

》 多元文化的传播与影响，在不同程度上滋养和丰富了土族文化。与异文化交流、沟通，尤其与强势文化的接触和碰撞，造就了土族忍耐、坚韧、谦和的文化性格，对多文化的摄融和汲取造就了土族包容、开放的精神品格。土族在历史上从未主动与周边民族发生过较为激烈的文化冲突，与其他民族的关系始终比较和谐。开放、包容、忍耐、坚韧、谦和等文化性格和民族精神，是凝聚和延续整个民族的核心因素，使得长期在区域社会处于弱势和边缘的土族仍能顽强地生存下来，并保持独特的民族个性。

依时依势而变的文化色彩

从游牧到农耕，从开拓进取到安稳保守

》 土族先民很早就脱离鲜卑文化的核心地区和文化母体。虽然吐谷浑人在迁徙建国后，先后兼并了青海鲜卑、乞伏鲜卑、秃发鲜卑以及铁弗匈奴，形成了稳定的民族共同体，但由于脱离原有核心区域和文化母体，起初受中原汉文化和西羌文化影响较深，后常受唐蕃强势力量的挤压和吸附，往返迁徙于河湟流域及其周围地区。因此，土族文化边缘性、多元性、复合性、薄弱性等特征造就了土族先民勇于开拓的精神和质朴淳厚的品性。如互助土族民间流传的《古然那斯布勒》的传说，“古然那斯布勒”翻译成汉语就是“三岁的孩儿”，讲述了土族的祖先，一个三岁的孩儿上天捉青龙，又上高山捉金牛，终是架不成辕，种不出

庄稼。后来，他制服了一头黄牛，才犁开了地，种上了庄稼。这既隐含着土族先民由游牧民族向农耕民族转变的文化记忆，同时也反映了土族先民在繁衍生息过程中开拓进取的精神实质。《黑马张三哥》《蟒古斯》《拉仁布与吉门索》等土族民间故事神话传说，反映了土族先民在与自然和社会黑暗势力的斗争中，能够经受任何磨难困苦的顽强意志和特有的生存耐力。此外，《秦边纪略》等地方文献记载的“土人所据，悉依山傍险，屯聚相保，自守甚严，莫敢犯其疆域者”等内容，反映出土族面对周围压力，通过内部团结凝聚起来，顽强地生存。与此同时，农业生产的稳定性以及农耕文明强大的整合力，也使土族的文化面貌和文化心态都表现出农业的基本特征。《西宁府新志》记载和评价土族“民俗质朴”“勤于耕稼”。在土族传统节日纳顿节中，有一个古老的保留节目《庄稼其》，情节为老人谆谆教诲后辈安心务农，这反映了农业生活环境对土族精神文化的影响。一方面，以农为本的生活方式，使土族发展过程中逐渐形成了安土重迁、知足常乐的社会心态，使土族人注重实际，追求稳定。另一方面，相对富庶的生产生活条件，相对安定、和谐的社会环境，与周边强势民族长期的博弈和妥协，加之受藏传佛教文化、中原儒道文化的浸染，土族宗教信仰氛围浓厚，形成了调和折中的处世方法、重安稳保守的社会心态和安于天命、温良和顺、习惯服从于各种权威的民族性格。这使土族先民创业时期勇于进取的精神日渐弱化。

年都乎村中高高在上的二郎神庙（图 / 王玫）

土族文化是一种颜料圈

》 著名土族学者吕建福曾将土族文化比作一种颜料圈，土族传统文化即东胡文化为白色、汉族文化为绿色、藏文化为红色，当传统文化受藏文化影响时多出现红色，受汉文化影响较深时多呈现绿色。当我们观察土族整体文化时可以发现和体会到这种文化特征。土族文化因其成员分布及居住地域之不同，形成了各自鲜明的特征。明清时期，土族尚遍布于河湟、洮岷之地，清代后期以来，河湟及洮岷流域的土族从连片分布变为缩到几个“孤岛”上。因为分布格局的变化以及受周边民族文化之影响，形成了同一民族具有不同地域特色的文化现象。民和土族受汉族文化影响较大，同仁、卓尼、天祝等地土族受藏族文化影响较深，互助、大通等地土族则一方面受汉藏文化双重影响，一方面又保留着自己独特的文化特征。在历史记忆、风俗习惯、生产方式、民间信仰等方面，各地土族之间也存在着许多差异。土族文化内部呈现出的多样性，凸显出土族文化持久的生命活力。当然，随着今天土族内部交流的不断加强，各地不同文化因素相互融合的现象又有回归的趋势。

对他文化创造性的借用

》 土族的生产生活方式、饮食习惯、宗教信仰、婚丧习俗、文学艺术等各个方面，除保持原有的一些文化基因外，都深受周边多元文化特别是汉藏文化的影响。汉文化对土族文化的重构与再生产提供了主要文化资源，土族先民早在分部之

河湟谷地滋养着勤劳朴实的土族人（图 / 保广元）

土族婚礼上，姑娘们正忙着上房，准备往迎亲队伍头上浇水（图／王玫）

前，就开始接受汉文化，建立汗国后又使用汉语文，尊奉儒学，遵循圣王之道。在与汉文化进行接触和交流的过程中，土族先民原有的宇宙观和创世观发生变化，在保留本民族早期生活经验、原始文化观念的基础上，借助汉民族的神话典故和文化元素对宇宙发源、人类起源进行了独特的解释。如土族神话古歌《混沌周末歌》，包括“混沌”孕育石卵、石卵生出盘古、盘古开天辟地、女娲补天等神话传说以及老子、释迦牟尼、孔子等文化人物诞生与道、释、儒传统文化故事。它以诗体语言保存了大量汉族上古创世神话的内容，但与纯粹的汉族神话又大不相同，土族人民用自己的民族心理和传统文化，进行了补充和新的阐释。如讲到盘古开天地后，认为南音神人用风作天柱，以水为地梁，使“天地平定到如今”，红境神人则留下了日月，使大地有了光明。土族人不仅吸收汉族的文化元素创造了复合型的次生创世神话，还运用汉族文化思想进一步完善自己的原生创世神话。此外，民和、大通等地土族男女到一定年龄，家长有意缔婚，有的请村里阴阳先生预卜方位。确定结婚对象之后，一方先要向对方讨“八字”，由阴阳先生为之合婚。由此看出，土族定亲过程中汉族道教文化色彩较浓，蕴藏着承袭数千年的传统文化内容。

》 藏传佛教信仰对土族文化的影响深刻而广泛。在互助土族婚礼表演“安召”时唱道：“我们把藏地的佛经请来了，我们把各寺院的宝物请来了，我们把金银子带来了。在这喜庆的日子里，给你家下宝瓶来了。”此处的“藏地的佛经”“各寺院的宝物”反映了土族信仰藏传佛教的特点。土族语言中也表现出明显的藏传

同仁六月会上的煨桑仪式，土族、藏族等民族都来参加，反映了多种文化的和谐交融（图／任建军）

佛教文化气息。土族语言虽属阿尔泰语系蒙古语族，但夹杂着大量的藏族语词汇，如“嘛呢廓罗”（转经筒）、“南他”（故事、传说）、“确康”（佛堂）、“森格”（狮子）、“莫兰法会”（祈愿法会）等等。互助、同仁等地部分土族还由于长期同藏民族交往，兼通藏语。土族人名如“卓玛”（度母）、“卓玛吉”（幸福度母）、“加洋”（文殊菩萨）、“先巴”（未来佛弥勒佛）等也均为藏语。出家到寺院的土族僧人由师父或活佛授予新的经名，废弃原有俗名。所取经名完全按藏传佛教方式进行。历史上被人们视为艺术珍品、塔尔寺“艺术三绝”之一的酥油花的制作者，除藏族僧人外主要是土族喇嘛。热贡文化在形成、发展和传播过程中，土族艺人也发挥了举足轻重的作用。在土族歌曲演唱等活动中，土族常将土语藏语或土语汉语混合使用，土、汉、藏三种语言的思维交织在一起。许多资料中提及的名僧，其是藏族还是土族的说法不一，这更能说明由于土族与藏族文化交流交融深刻，很难区分族属。

》普遍流行于互助土族地区的土族《格赛尔》就是源于藏族《格萨尔》，但其发展过程中与土族固有文化相结合，散发出土乡泥土的芳香，表现出鲜明的土族文化特色。如其中传唱的《阿布朗创世史》等内容将土族的创世传说融入史诗之中，表现了一种极为可贵的文化创造精神。

》长期以来，对于土族的族源问题始终存在着一些争论，其实质就是对土族文化的边缘性、多元性、复合性、多融性的一种反映。在土族文化中中原儒释道文

古老而隆重的佑宁寺的羌姆舞（图/王玫）

面都处于边缘的地带谋得一隅立足之地，不仅在夹缝中求得长久的生存延续，更博采众长，兼容并蓄，吸纳多民族优秀文化为己用，以开放包容却充满智慧的处世哲学构建了多元

化、北方萨满文化、西藏佛教本教文化并存，甚至还存在突厥文化的成分，因此土族文化与周边民族文化有一种神秘而又难以割断的亲缘性。这与土族先民较早脱离母体文化，并迁徙生活于多元文化交叉地区，有着密切联系。

鲜花盛开的院落中宫
（图／保广元）

连接中原与西域的桥梁

》处于文化边缘的国家、地区或民族在遇到外来文化冲击或挑战时反弹相对较小，容易汲取和接受。与此同时，所有的文化交流和融合都是双向的，一个具有边缘性的民族文化不但能积极汲取中心文化元素，迸发活力，而且有时还会对中心文化起到辐射和影响，在不同文化间起到桥梁和纽带作用，土族文化亦如此。土族先民吐谷浑自西晋末年辗转迁居到甘青地区后，立足于群羌之中，将东北游牧文化与青藏高原游牧文化有效融合，改造当地社会政治和社会组织文化，在保留原有部落组织的基础上效仿中原王朝官制，建立民族政权，推动了当地氏族社会向封建社会的转化。在统一青藏高原过程中，将青藏高原与塔里木盆地南缘联结成一个政治共同体，不仅为吐蕃政权统一青藏高原及塔里木盆地南缘奠定了基础，而且还推动了当地氐、羌、鲜卑等民族融入中华民族的进程，为统一多民族国家的形成做出了重大贡献。土族先民还利用青海地处东西方交通要道的有利位置，充当东西方贸易的中介，常常承担向导、翻译和护卫等工作，促进了青藏高原地区的交通往来，沟通推动了东西方经济文化交流。

国家统一的坚定拥护者

》土族对中华文化具有高度的认同，并极具向心力，衷心维护中央政权的统一，自觉融入中华民族大家庭。如吐谷浑阿柴可汗曾登临西强山，观览垫江汇流大海，发出了“水尚知归，吾虽塞表小国，而独无所归乎！”的著名感慨，并付诸行动，遣使通刘宋政权，接受封号。水流归大海，成为中国历史上维护统一国家、凝聚中华民族向心力的最具代表性的典型实例。

》明清时期，许多土族土司利用自己长期生活在河湟，并与蒙藏各族首领联系密切等优势，积极协助中央政府招抚其他民族首领归附，维护了边陲地区稳定。如：祁土司之祖祁贡哥星吉于洪武初年归附明朝后，忠心效力，成功招抚西番各部、安定地方，挂武略将军印。李土司始祖李南哥于洪武四年归附明朝后，深入申中、西纳等部落，说服各藏族部落归附明朝，各部落先后入朝贡马献诚者不计其数。他还曾奉命深入到今柴达木西部，为安定、阿端、曲先三卫的设置以及说服这些卫的部落首领向朝廷定期贡马做出了一定贡献。正是由于土族土司的积极努力，甘青地区的许多少数民族首领归附明朝，因此，土族土司对西北边疆的迅速安定功不可没。

》 土族地区高僧名寺在促进汉藏文化交流、维护祖国统一、民族团结方面厥功甚伟。佑宁寺是土族地区最大的寺院，也是青海省最早的格鲁派寺院之一，被誉为“湟北诸寺之母”。在清代康熙、乾隆年间，学风尤盛，求学西藏，高僧辈出。据说在康熙年间，五世达赖在一次正月祈愿大法会上创立考取拉然巴格西学位的制度时，首届考取格西的只有五个，而佑宁寺的僧人就占了三个。互助佑宁寺名僧二世章嘉、三世章嘉和二世土观、三世松巴等在历史上成为汉藏文化交流的使者，成为多元文化对话交流的桥梁。他们不仅在佛学方面有很深的造诣，有大量的宗教经典著作存世，而且在清廷经营广大蒙藏地区的过程中，积极奔走联络，为连接和加强中央与蒙藏地区的关系做出了重要贡献。如康熙二十四年（1685），二世章嘉和甘丹寺赤巴阿旺洛哲嘉措以达赖特使的身份，会盟喀尔喀诸部，成功地调解矛盾，使土谢图汗和扎萨克图汗和好息争，言归于好，为共同抗击噶尔丹和沙俄的侵略创造了有利时机，也为以后喀尔喀蒙古内附于清朝打下了基础。

》 土族其他寺院及其学僧在促进汉藏文化交流，促进祖国统一等方面也发挥了作

坚韧、谦和、旷达、刚毅的土族人民在与周边民族的交融中形成了自己的独特文化（图／保广元）

面部处于边缘的地带谋得一隅立足之地，不仅在夹缝中求得长久的生存延续，更博采众长、兼容并蓄，吸纳多民族优秀文化为己用，以开放包容却充满智慧的处世哲学构建了

用。如一世杨家拉让巴·罗桑却达曾获“色拉却达”（色拉寺教法旗手）的美誉，民和三川学僧阿嘉杨增因学问渊博而任三世阿嘉活佛的老师。朱海山喇嘛被誉为青海现代民族教育的先驱。1955年5月，时任中央民委宗教事务处组员的土族干部张定一应十世班禅大师的要求，成为十世班禅大师的汉文教员。

盘绣是土族姑娘必学的技艺(图／保广元)

》人类文化具有共同性，但文化传播的力量大于文化发明。土族许多文化与周边民族文化相似，包括一些学者所强调的独有的文化节日与仪式，也与其他民族文化有许多相同或相通之处，这更能说明文化传播的力量。土族先民历经多次朝代更迭，但始终紧跟时代步伐，从一个骁勇善战、叱咤风云于马背上的游牧民族转换成了一个勤于耕作的农业民族。从牧业生产为主的单一生产方式转换到了农业经济为主，兼营畜牧业、手工业等多元的生产方式，不断开拓生存和发展空间，同时也促进了地域经济文化交流与发展。土族民族性格中既有游牧民族的旷达、宽广、刚毅和勇敢，又有农业民族的坚韧、谦和、纯朴和善良。

》土族在历史发展过程当中，始终以宽容、谦和、博纳的姿态，接受、包容他民族文化，以此充实和发展本民族传统文化内容。可见，承载边缘性文化的群体比承载中心文化的群体可能更能及早实现文化自觉、文化自强并体现出特有的生存智慧和谋略。某种程度上，一个民族的文化特性和精神品格，直观反映着这个民族的文化生存谋略。地域的边缘，文化的边缘，没有影响土族文化的绚丽多彩。土族文化始终与时俱进，博采众长，呈现出多元文化交融的丰富性与独特性，因而才具有了顽强的生命力，在多民族的夹缝之中、多文化的挤压之下顽强生存，成为青藏高原上一道靓丽而持久的彩虹。

》这是一本由五位挚爱本民族文化，并能对本民族文化葆有理性认识与思考的土族青年学者，合力打造的一部向外界推介土族文化的精品力作。本书综合了当前国内外土族研究的重要成果和几位学者的研究心得，对复杂多元的土族文化和历史源流等重要问题进行了高度概括、清晰梳理、准确解读。全书内容新颖精致，资料丰富翔实，语言通俗易懂。学术理论性与科普通俗性的巧妙融合，使土族多元文化中的重要元素得以全面呈现，深度、广度和美共生，特色鲜明。尤其是作者将本人在村落中、家族中所观察和体验到的一些鲜活仪式和思考融入到书中，使读者深切感知了土族精神家园的可贵，同时也使其成为相关专家学者从中探知和发现土族文化的灵魂与精髓所在。

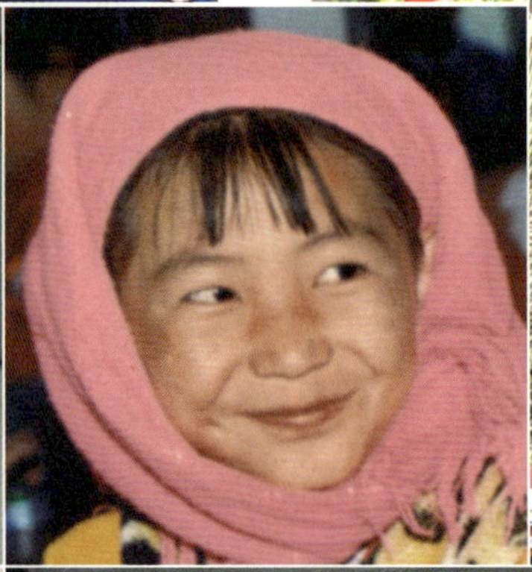

土族

人口与分布

土族的分布呈大聚居、小分散的格局。从全国来看，主要聚居在青海省，是青海五个世居少数民族之一。据2010年人口统计数据，全国共有土族289565人，其中，青海省的土族人口204413人。在青海省内又主要集中在互助、民和、同仁、大通等地区，其余散居于省内各地。此外，甘肃省也是土族的聚居地区之一，共有21239人，主要生活在天祝、永登县境内的大通河和庄浪河之间。

环境与资源

土族居住的地理环境大致可以分为比较温暖的川水地区（以河湟谷地为主）、干旱的浅山地区和高寒的垴山地区3类。土族聚居的青海省互助、大通、门源及甘肃省的天祝、永登等县，境内群山环抱，河流纵横。民和、同仁两县，地势较低，气候温暖，水源丰富，土地肥沃。

语言与文字

土族有本民族的语言，土族

土族分布图(地图编制:中华地图学社;手绘:ZITAO)

语言属于阿尔泰语系蒙古语族，分互助、民和、同仁三大方言区。各方言区语音、词汇有一定差别，三大方言区的土族与汉、藏等民族长期杂居相处，各方言区土族的语言、文化习俗受周边他民族文化熏染的程度不同，呈现出鲜明的内部差异性。

土族没有本民族文字，过去借用汉、藏文。1979年，政府创制了以拉丁字母为基础、汉语拼音为字母形式的文字，现正在试行中。

宗教信仰

土族的宗教信仰以藏传佛教格鲁派为主，也信奉萨满教、本教、道教等，显示出宗教信仰的多样性特点。土族地区除大、小寺院外，大多数村庄都有一所小庙。土族的宗教活动多以本村的小庙为中心。大型的宗教活动有跳神、念青苗经、背经转山、念活寿经等。

风俗习惯

土族饮食以小麦、青稞、薯类为主，蔬菜、肉食副之。土族喜喝奶茶，逢年过节，大多喜饮酒。多数人家，有酿制青稞酒的习俗。

土族往往聚族而居，自成村落。一般每家一个正方形的庭院（即庄廓），围墙较高。院内房屋，多为土木结构的平房。房屋门楣，多雕刻各种花纹图案。

春节也是土族的传统节日，除此之外，还有被誉为世界上最长的狂欢节的“纳顿节”，以庆丰收为主题，在秋天麦子收获后举行，可持续两个月之久。六月“花儿会”也是土族重要的节日，人们欢聚一堂，聆听歌手唱花儿，因为花儿是情歌，所以花儿会也是土族的情人节。

的哭嫁歌等等，构成了土族婚礼独特的民俗内容。

土族舞蹈最著名的是欢庆之时和节日期间所跳的集体舞“安召舞”，还有宗教仪式上喇嘛跳的羌姆，以及法师作法时的各种舞蹈。另外还有在纳顿节上表演的舞剧《庄稼其》等。

土族的民间工艺有刺绣、唐卡、堆绣、泥塑、雕刻、剪纸，工艺精湛，在国内外享有盛誉。

国家级非物质文化遗产

民间文学
《拉仁布与吉门索》

民间文学
《祁家延西》

传统舞蹈
安召

传统体育、游艺与杂技
土族轮子秋

传统美术
土族盘绣

民俗
土族纳顿节
土族婚礼
土族服饰

自治区域
互助土族自治县
民和回族土族自治县
大通回族土族自治县

文化艺术

互助土族以彩虹花袖衫闻名遐迩，并且是青藏高原青稞酒的发祥地；号称“小江南”的民和三川地区亦是世界上最长的狂欢节“纳顿节”的所在地；同仁又名热贡，是包含唐卡、堆绣、雕塑、建筑、彩画、酥油花等多种艺术形式的世界级非物质文化遗产——热贡艺术的摇篮。三地各具特色，共同组成土族多元多彩的民间文化。

土族民间文学形式多样，内容丰富，具有浓厚的民族特色。有创世神话《阳世的形成》，妇孺皆知的民间故事《蟒古斯》，被誉为土族梁山伯与祝英台的叙事诗《拉仁布与吉门索》等等。

土族民歌非常丰富，从每年六月花儿会的盛况便可见一斑，而丰富的歌舞更是贯穿土族婚礼的始末，从迎亲时诙谐幽默的问答歌，到出嫁前与娘家依依不舍

本书导读示意图

专题标题：以虚实结合的文字概括各民族的某一重要文化事项。

专题段落标题：揭示这一重要文化事项的不同断面，分层切入，条分缕析，引你直抵现象背后的文化之核。

正文

民族经典纹样

图片：既有近百年来中外著名学者亲历现场所拍摄的第一手影像资料，也有当代摄影家极尽巧思的唯美大片，涵盖面广泛，于文本之外，自成一个独立的图片系统。

酒香四溢的希尼·挪希吉——春节

过新年是土族最隆重的节日

“希尼·挪希吉”为土语，意为“过新年”。过新年是土族最隆重的节日，持续时间很长，一般从腊八一直延续到来年的二月二。

祭神以求丰收的腊八节

土族的腊八习俗也比较独特，颇具民族色彩。这天凌晨，家家户户要到河滩上背回几块冰，立在果树或粪堆上，然后抱一堆麦草分别在地里、粪堆上和果树底下燃烧。早上吃麦仁饭，先供佛，后食用，将麦仁饭抛撒到田里，还将麦仁涂在各类果树上，用木棍敲打树身，问道：“结不结果子？”旁边另一个人回答：“结—结—结！”

过去，早饭后，孩子们要到野外祭祀山神和巴蜡爷（指专管蠕虫类的神）。他们从各家各户收取青油、面

将发酵好的青稞倒入锅内加水，加盖密封，留小孔，接通气管，与冷凝器和烧酒缸相连，用慢火加温，锅内蒸汽通过冷凝器时，形成蒸馏水流入烧酒缸，便是酩馏酒（图/保广元）

土族—156

图片说明：拒绝标签式的大白话图片说明，每一段解读，或长或短，都经撰稿专家反复推敲，发图片画面之所未发，读图时代，仍然需要如此点睛之笔的助力。

拓展阅读：与专题相关的名词解释、背景知识、人物小传、田野实录等的延伸阅读，为你构建多维度、多侧面的全息专题文化影像。

多媒体技术的全新运用和呈现：音（视）频链接为你直观展现民族文化的某个片段。从此，纸质经典不再是一位沉默的朋友。

粉、香表、柴禾，自己起灶炸小油饼，大家分享，并将剩余的油、面等做一锅油面疙瘩饭，舀一碗用树枝向周围泼撒一遍，口里祷告道"给天泼撒，给地泼撒，保佑挡羊娃平平安安。给山神泼撒，狼的眼睛里麻撒撒；给巴蜡泼撒，害虫不伤人畜和庄稼"。然后分吃油面疙瘩，烧香叩拜后回家。腊八节的这一习俗，是农耕社会意识的缩影，人们依靠大自然风调雨顺获得丰收，因而以各种形式来寄托美好愿望。

过了腊八就是年

过了腊八后，土族人就要开始操办过年的年货和儿女婚事，直到二十世纪八九十年代，从冬至到腊八仍是土族娶媳嫁女的良辰吉日。

土族人每年都要喂一头年猪，一般是腊八过后就开始宰年猪，请吃年猪肉了。宰年猪时，除了煮大块肥肉外，猪肠里灌上油面、炒面、豌豆面及猪血，满满煮上一锅，把家伍（指亲房党家）请来欢聚一堂。从冬至到腊八，几乎每天都有人请喝酩馏酒，请吃年猪肉。

互助地区举行"勃"的时间与村落

主要村落	时间
东沟大庄村	二月二
五十柳家村	二月二
东沟姚马村	三月三
威远堡崖头村	三月三
威远堡纳家村	三月三
丹麻松德村	三月十三
丹麻索卜沟	三月十八
东山大羊圈	四月初八
东山古家岭	四月初八
五十巴洪村	五月初四
丹麻东家村	腊月初八

酩馏酒

酩馏酒，过去，土族人家几乎家家都酿酩馏酒，土族家庭主妇大都是酿酒能手。其工艺为：将青稞煮熟晾温，撒上甜醅曲，两三天后盛入缸内，加酒曲和适量水，密封缸口。保持恒温约15日。然后将发酵好的青稞倒入锅内加水，加盖密封，留小孔，接通气管，与冷凝器和烧酒缸相连，用慢火加温，锅内蒸汽通过冷凝器时，形成蒸馏水流入烧酒缸，便是酩馏酒。为使酩馏酒具有独特色味，土族人还常常将初酿的青稞酒密封在酒瓶里，深埋在羊圈或屋内炕沿下（为保持适当温度而选），过一年半载取出来添满酒再埋。如此几次，酩馏酒便呈浅黄蜜状浓汁，闻起来香气扑鼻，喝起来味道浓烈，如果贪杯，就会在不知不觉中酩酊大醉。

扫描二维码欣赏民歌
《经堂里的阿妈》

撰稿专家

鄂崇荣，土族，哲学博士，现为青海省社会科学院民族宗教研究所所长、研究员。中国民俗学会中国少数民族民俗研究中心副主任、青海土族研究会理事。曾获"全国五一劳动奖章""青海省优秀专家"等荣誉称号。主要从事土族文化研究，著有《土族民间信仰解读》等。

《土族民间信仰解读》

扫描二维码，
阅读专家代表著作的电子版

157—民间节日

专家简介：为你介绍各章撰稿专家的学术背景、学术成就，在作者与读者之间搭建起一座信任之桥，论世需要知人，论著也当知人。

代表性论著链接：扫描二维码可阅读该专家代表作，并可进一步在中华民族文化经典学术著作数据库中阅读其他民族文化学术著作。

表格：删繁就简，将大段枯燥的学术性表述华丽转身为一目了然的图表，文明演进的过程、文化现象的罗列，由此变得简洁明了。

互助土族自治县丹麻镇，群山掩映下的油菜花田与青稞田交错。青稞与油菜是互助县重要的农作物(图/祁文汝)

第1章

河湟大地育土族

人文地理

本章主撰稿人：《青海社会科学》编审　张前

西晋永嘉末年，慕容鲜卑中的一支从大兴安岭一路西迁，直到黄土高原与青藏高原交界处，才停下了脚步，扎根在黄河岸边的富饶谷地，在不断的战争征服中建立了波澜壮阔的吐谷浑王国。这一支鲜卑为今日土族之雏形。土族先民选择的这片家园位于青藏高原东北边缘，奔腾不息的黄河及其支流湟水河、大通河、隆务河在这片土地上切割出一处处富庶宜居的河谷，滔滔黄河水，滚滚湟水河，一泻千里，滋养着广袤的河湟大地。

这里海拔较高，地域辽阔，气候类型复杂多样，既是黄土高原与青藏高原的过渡地带，农业与畜牧业的交接之地，也是一个典型的多民族聚居区，汉族、藏族、蒙古族、回族、土族、撒拉族等民族在这里和睦相处，佛教、道教、伊斯兰教、基督教等多种宗教在这里碰撞交融，儒道文化、佛教本教文化、伊斯兰文化等多元文化在这里交融并存，农业、畜牧业、商业等多种经济形态在这里交汇互补。特殊的自然地理环境、社会环境和文化环境造就了土族兼容并蓄、包罗万象又独放异彩的民族文化特色。一方面土族先民由于历史浪潮的推动，根据自己民族的发展需要，选择了河湟地区定居；另一方面河湟地区的地理文化环境也形塑了土族的民族性格和民族文化。土族与这片哺育它的土地早已有机地融为一体，无法独立于彼此来进行解读。

明清时期，土族尚遍布于河湟、洮岷之地，清代后期以来，由于政府加大屯垦力度，大量人口迁入，河湟及洮岷流域的土族从连片分布变为缩到几个“孤岛”上。目前，土族主要聚居在青海省互助土族自治县、民和回族土族自治县、大通回族土族自治县及同仁县等地，甘肃省天祝、永登、卓尼、积石山等县也有分布。因所处区域和文化圈不同，各地区土族在饮食、服饰、民居、农牧业生产、宗教信仰等方面也呈现出一定的差异性。

水草丰美的河湟谷地

土族游牧先民择居的家园

土族先民原是大兴安岭辽东鲜卑慕容部中的一支，是饲养牛羊马匹、居毡帐之中、逐水草而居的游牧部落。也正是因为水草之争、兄弟失和，长兄吐谷浑率1700余帐部族踏上了西迁之路，一直走到青藏高原东北边缘。对于游牧民族来说，水草丰美是选择家园最重要的指标，这片黄河水浇灌的肥沃谷地深深吸引了土族游牧先民。黄土高原过于干旱，土地贫瘠，青藏高原中西部海拔太高，气候严寒。唯有这里，青藏高原与黄土高原的交接地带，黄河蜿蜒而过，因黄河上游龙羊峡至寺沟峡段支流湟水河等冲积，形成广袤肥沃的河谷，被称为“河湟谷地”。这里便成为了土族人民的世代家园。

河湟谷地水草丰美，适宜放牧（图/付平）

天然的良马场

河湟谷地是黄土高原向青藏高原、东部季风区向西北干旱区、农耕区向游牧区过渡的关键地带，海拔高度在1689—5218米之间，属于典型的大陆性气候下的干旱、半干旱地区；同时该区处于青海省东部祁连山地草原区，有零星的林地和灌木林地分布，是青海省海拔高度相对较低、气候条件相对较好的区域，也是历史上青藏高原东北部森林、灌木林地和草原分布较为集中的地区。作为游牧部族，这里自然是上佳的驻扎之地，土族先民吐谷浑人建立盛极一时的吐谷浑王国后，便在这里牧马放羊，繁衍生息，发展壮大。

吐谷浑人以养马著称，他们培育过著名的马品种“青海骢”。吐谷浑在魏晋之际迁入青藏高原地区时，将北方许多先进的畜牧生产技术带到这里，对青藏高原畜牧业的发展做出了积极贡献。他们以中亚良马为母本，以环青海湖地区的本地马种为父本进行杂交，从而培育出神骏异常的“青海骢”，相传能日行千里，美名远播。在当时的史书记载中，常有吐谷浑“多善马”“出良马”及频频向内地政权进贡善马的记载。吐谷浑人不仅善于培育良马，还擅长驯马。他们把骏马训练得能在音乐声中翩翩起舞，称之为“舞马”，将其作为珍贵的方物进贡给当时南北朝各政权，成为南北朝统治者宫廷娱乐的重要内容。

韩幹《牧马图》。唐代著名画家韩幹善于画马，多以青海骢为“模特”。有诗赞曰：“开元好画手，多貌青海骢。”

唐代诗人杜甫的七言律诗《高都护骢马行》中“安西都护胡青骢，声价欻然来向东”，赞颂的可能就是青海骢。

这片土地适宜牧马也并非吐谷浑人最早发现，历史上的许多政权都将这里作为军马场。秦汉时，这里是羌戎牧场。宋朝在此地设立“牧马营”，作为官方饲养、培育马匹的场所。明代尤为重视马政，朝廷设有太仆寺、行太仆寺和苑马寺管理官用马匹的采办、牧养和使用，其中苑马寺下设牧监、监下再设苑。在河湟地区就设有多个牧马场。距离青海省海东市互助土族自治县威远镇西南4千米处，有一个名为大通苑堡的地方，便是隶属于祁连监的牧马场。

能作为官定的养马之地，必是因为充足的水资源，水是养马之根本，有好水才有好草，马的吃喝便都有了保障。威远堡西北的燕麦川与从威远堡东的东沟由北向南在堡南五里董家寨合流，形成沙塘川河，从大通苑的东侧流过，一直到韵家庄汇入湟水。同时这一带气候温润，雨水充沛，牧草生长期长，牧草品种较多，能满足马匹的营养需求。在地形上这里属于山地草场，并且多为缓坡，马儿可以轻松地或是信步吃草饮水，或是奔跑撒欢，有利于马匹的健康成长。由于这里实在是水草丰美，因而沙塘川曾被改名为“广牧川”，取可以广泛放牧之意。

在河湟地区，像大通苑这样的官方牧马场还有许多，如永安苑、古城苑、红崖苑等。除了为前线战场提供战马，这里的马匹也是茶马古道上不可或缺的运输力量，大量的物资由马匹从中原经此地运往西域，西域的货物也经此被带入中原，因此这个区域自然也就是茶马古道，即丝绸之路南道的组成部分。同时，河湟地区位于汉族、藏族、土族、撒拉族等多民族交融地带，历来都是设立茶马互市的区域，马匹也是茶马互市中的主要交易物资。这方水土因为良马，因为在这里养马、用马的人，尤其是自吐谷浑以来的土族人，与广阔的世界产生了连接，在中原和西域的经济文化交流中起到了重要作用。

时代色彩浓郁的县名

土族主要分布在互助、民和、同仁三地，这三处地名均产生于民国时期，青海建省设县，时任青海省政府主席孙连仲受孙中山“三民主义”思想熏陶，取“互助友爱”“民族和睦”“一视同仁”之义设置县名，具有浓郁的时代色彩。

从游牧到农耕

据青海师范大学生命与地理科学学院吴致蕾等人的研究，在清代以前，草地是河湟谷地最主要的植被类型，兼有灌木林，零星分布有小面积林地。起初，游牧生活是迁至此地的土族先民吐谷浑部落最主要的生产生活方式。在民和回族土族自治县三川地区，至今仍保留着"撒马湾"等地名，是土族先民游牧生活的见证。

然而河湟谷地这片肥沃的河谷，从来就不仅仅是放牧之地。

在三川地区，考古学家发掘出一个被称为"东方庞贝古城"的大型史前灾难遗址——喇家遗址。距今4000多年前的一场突发的大型地震和泥石流混合灾难，封存了一个史前人类生活面貌的生动现场。遗址中的窑洞、灶炕、陶器、面条等反映当时这里的人类就已经开始从事农业生产活动。

而据史料记载，青海东部自西汉以来就是重要的屯田区，河湟谷地的屯田规模随着中原地区的人口迁入规模变化发展。汉和帝永元十四年（102）在河湟谷地中的黄河流域开发屯田共6800余顷；唐代时，屯田规模又进一步扩展，屯田形式以军事屯田为主；宋代时，屯田范围以西宁为中心沿湟水流域向东扩展；元代，河湟谷地屯田面积缩小；明代在全国实行屯田；到清代，人口迁入量达到顶峰的同时，耕地规模也达到历史巅峰，河湟谷地耕地面积达21400余顷，农业土地利用格局基本形成，这也是河湟谷地原始土地覆被状况改变程度最大、范围最广的时期。

在驻扎河湟谷地后，因受到周边民族尤其是汉族的影响，以及有限土地与人口增长之间的矛盾，土族先民逐渐向农业转向。土族先民从游牧经济主体地位到农耕经济主体地位的转变是个漫长的历史进程。经过清代大规模垦殖活动，村庄毗邻，人烟辐辏，农业发展十分迅速，河湟谷地森林面积在波动中逐渐缩小，林草地面积日益萎缩，逐渐演变为以农为主的农牧交错区，土族先民最终完成了从游牧生活向农耕生产过渡的历史转向。如今土族著名的节日纳顿节、青苗会等，都是为农业庆丰收而设置的节日，农业已成为土族人最重要的生产方式。

依山势而开垦的层层叠叠的梯田（图/保广元）

自然的馈赠——互助青稞酒

酿造青稞酒的原料青稞（图/高延滨）

土族先民在从游牧转向农业生产之后，以高寒地区最适宜种植的青稞为主要粮食作物。人们不光食用青稞制成的糌粑等食品，更是巧妙运用天地精华，酿造出享誉世界的佳酿——青稞酒。而青海省海东市互助土族自治县，是青藏高原青稞酒的发祥地，有着悠久的历史。据载，明末清初这一地区就盛行酿造青稞酒，当时就流传着“驮酒千里一路香，开坛十里游人醉”的佳话，至今有许多土族人家仍在延续土法酿制青稞酒，称为酩馏酒。在土族人心中，酒比粮食还金贵，是粮食的精华，只能敬奉给最尊贵的客人，赠送给亲朋好友，在土族的人生礼仪、节庆仪式上都是不可或缺的。

无论中外，好酒对地理环境都极其挑剔。葡萄酒有著名的产区波尔多、勃艮第，茅台、宜宾则是知名的白酒产区。不管酿造技艺如何发展，一地的土壤、水、气候、地势、微生物环境等都仍然对酒的口感起着决定性的作用，美酒真可谓是集天地日月之精华的自然馈赠。

青稞酒的酿造原料青稞自然是酿酒最重要的因素之一。青稞是禾本科大麦属的一种禾谷类作物，生长条件需满足海拔较高、气候寒冷、阳光充足、水源充沛等。作为我国三大河流发源地的青藏高原，海拔高、气温低、日照足、水源丰，无疑是最适宜青稞生长的地区，已经有3500多年的种植历史。目前，青稞种植面积占到了青藏高原粮食作物种植面积的43%之多，是青藏高原重要的粮食作物。

土族聚居在青藏高原东北部，黄河与其支流湟水形成的河湟谷地，也是优良的青稞产地。高原特产的高寒无污染青稞为酿造好酒提供了原料基础。

但是广阔的青藏高原上青稞产地众多，青稞酒酿造也较为普遍，为何独独产自青海互助的青稞酒美名远扬，成为最著名的商标，被称为“高原明珠、酒林奇葩”呢？我们从互助青稞酒被列为“国家地理标志保护产品”这一点就可以得到答案。国家地理标志保护产品是指产自特定地域，所具有的质量、声誉或其他特性本质上取决于该产地的自然因素和人文因素，经审核批准以地理名称进行命名的产品。可见互助青稞酒的产生，与其所在的人文地理环境着实密不可分。

互助青稞酒厂所在地威远镇植被丰富，泉清水美，形成了优越的植物群落和微生物群落，四面环山的盆地地势使这个微生物环境得以稳定保持，并在长期酿酒过程中不断被强化，且不易被风吹散，形成利于酿酒

传统的青稞酒酿制作坊（图/保广元）

故园秋深。一代一代的土族人在这里繁衍生息(图/王有之)

的独特微生物环境。酿酒取用的水为威远堡的古井水，由威远镇北部龙王山融化的冰雪水与天然泉溪交汇，经过数十里地下潜流，通过多层矿物岩石渗透积累到古井中，纯净甘甜、软硬适中。互助青稞酒厂曾经搬到了青海省省会西宁市，结果产出的酒味道始终不对，于是又重新搬回了互助，足见这一方水土空气对青稞酒酿造的重要作用。

毫无疑问，互助的水土生出的美酒滋养了土族儿女，但又何尝不是土族人民凭借勤劳和智慧，发现和运用了自然赠与的宝贵资源，酿造出美酒，激活了这方水土呢？加之互助位于茶马古道上，交通便捷，一方面来自山西等地的客商带来其他知名白酒的酿造技艺，使酿造工艺得以不断精进，同时产出的青稞酒又能循着茶马古道广泛传播出去，避免了深巷酒香无人知。互助青稞酒就是这样一种集天时地利人和于一身的产物，是文化交融互渗的结晶，延续数百年长盛不衰。

互助青稞酒厂所在地威远镇俯瞰。四周环山的地形有利于青稞酒酿造（图/王存海）

美丽的青稞酒传说

传说在远古时代，西王母用“木禾”和“野麦”，加“醴泉”“华池”及“昆仑之井”的圣水酿成甘露青稞酒，即“天酒”，用来款待西巡的周穆王。席间，西王母特派她的座驾三青鸟赴东海蓬莱仙岛采集美食。

三青鸟采食归来，飞经互助龙王山时，不慎将口中所衔的一粒仙食滑落于龙王山，仙食在龙王山落地生根，结出了瓦蓝色的果实，因为果实乃三青鸟衔落仙食生成，当地百姓就称这种作物为“青稞”。

后来，八仙赴西王母的蟠桃宴，宴罢归来，路过龙王山，发现此地山峦叠嶂，瑞气呈祥，一望无际的青稞地一如碧绿的海洋，绿浪滚滚，美不胜收，便按下云头，来到山下的威远堡。只见一位年迈老妇在一口古井旁边顶着烈日摆摊设茶，就化成乞丐上前讨茶。清茶入口，顿觉甘甜爽口，暑气消散。八仙见老妇心地善良，为报答其施茶之恩，铁拐李便打开随身携带的酒葫芦，将里面所盛的瑶池仙酿倒入井中，并告诉老妇：“今后取此井水酿酒，可名扬四海，富甲天下。”言罢，八仙化作清风离去。

老妇打上井水一尝，只觉入口清香馥郁，沁人心脾，比之前的井水甘甜百倍。从此，老妇就在这威远堡的古井边设立酒坊，汲古井之水，以青稞为原料，酿造出了清香四溢、驰名八方的互助青稞美酒。

连接两大高原，居于汉藏之间

河湟谷地是地理、文化双重连接地带

土族聚居的河湟谷地位于青藏高原与黄土高原的连接之地，黄河恰好从此处流过，成为青海省和甘肃省的分界线。而这里又是汉、藏等文化交汇之处，游牧文化与农耕文化的过渡之地，可以称得上是地理、文化双重连接地带。这种独特的区位也造就了河湟谷地非凡的历史地位和多元文化特征。

千年临津渡，青海东大门

从甘肃省积石山县大河家镇跨过黄河，便进入了青海。过去，渡过黄河主要靠渡船，渡口多选在两岸地势相对平坦，河面开阔，水流平缓的地方。临津渡便是这样一个优良的渡口，并且是黄河上游著名的古渡口。它是古丝绸之路青海道和唐蕃古道的必经之路，始于汉代、繁荣于唐宋时期。最早在《水经·河水注》中已有记载。而临津渡名垂史册是因为隋大业五年(609)，隋炀帝西巡，就是从临津渡过黄河进入青海境内。历史上东晋高僧法显、南宋时僧人法勇、北魏时比丘惠生、唐高僧道宣等，都曾先后取道于此，或往西域、或往印度(经西藏)。民和土族聚居地“官亭”，就是过去使者、商队或军队，渡过临津渡进入青海的首站，在此地设立“接官之亭”，逐渐演变为“官亭”。虽说官亭现在只是个小镇，但它却是丝绸之路南道的必经之路，尤其是在河西走廊有阻隔时，经临津渡到官亭就成了丝绸之路

晨曦中的黄河从积石峡蜿蜒而过(图/丁生智)

冰封临津古渡（图/王存海）

的唯一通道，因而地理位置十分重要。

古代渡河有三种方法：一是羊皮筏子，二是摆渡船，三是浮桥。因为浮桥受季节影响，不能常年使用，所以羊皮筏子和摆渡船就成为渡河的重要交通工具。明朝在渡口上设官船2只，水夫20名。清代改为民渡，置官船1只，一直沿用至民国时期。而与黄河中上游的许多渡口一样，在临津渡，民间通常还是用牛皮、羊皮筏子渡河，三川地区的许多土族人都以在黄河上用羊皮筏子渡人渡物为生。到了近代，有了动力轮渡，既渡人畜，也渡汽车，非常便捷。1988年，大河家黄河大桥建成通车，从此天堑变坦途，临津渡也完成了它数千年的历史使命。

同族不同语，民居各相异

土族先民原本广泛居住于河湟谷地各处，而到了清代后期，由于大量人口迁入，土族从连片分布变为几个分散的聚居区，各自与不同的文化接触融合，其语言也各有不同。如土族主要聚居区互助县、民和县各有方言，而情况最为复杂的是同仁县。

始建于14世纪的吾屯下寺。藏族文化的影响，在吾屯土族话中也留下了深深的印记（图/视觉中国）

院正中设中宫，中间竖嘛呢旗杆（图/张生寅）

广袤的河湟地区基本都处在多民族交融地带，而具体要说哪一地的民族、文化、宗教交融最为复杂，那一定是同仁了。尤为惊人的是，当地的土族甚至在一县之内、一河之隔形成了吾屯和年都乎两个方言小区。其中，吾屯的土族使用吾屯话，为汉语和藏语混合的一种土语。一千多年前，屯戍汉族军民在当地藏族及操保安语的土族地区长期居住，互通婚姻，其语言受到当地少数民族语言特别是安多藏语的深刻影响，形成了一种既不像汉语也不像藏语的混合语“吾屯话”。这种新的语言变体跟安多藏语一样，没有声调，语法变化也与安多藏语大致相同。这个群体后来被识别为土族，是土族多元族源中的一支。

而年都乎的土族使用保安语同仁方言，与保安族的语言大致相通。由于吾屯话与保安语差距较大，无法直接交流，因此，吾屯土族与年都乎土族的交流只能依靠同仁汉语或者安多藏语。中央民族大学王远新教授称之为“同族异语”现象，他认为，这一现象从一个侧面反映了土族“族源多元”的复杂状况。

除了语言，各地土族的民居也因为所处文化圈的不同而呈现差异。

互助县土族居住的院落称为“日麻”（互助地区土语），其居所风格接近藏式民居，其中多有藏传佛教元素，传递着互助土族的宗教信仰。旧时“日麻”大多单门独户，占地面积约半亩，院墙呈正方形，高6米左右。墙半腰用白卵石镶嵌宝塔形图案，墙头四角置卵石，外墙用白土泥抹光，有的院落用白石灰粉刷，显得雅致整洁。院内房屋多为土木结构的平顶房。一般由三间正房和两间角房构成一组房屋，正房一般坐北朝南，正中一间为堂屋，两边耳房分别是卧室和库房或佛堂。正房的门面柱头、扎口板等上雕饰虎狮、麒麟、孔雀、凤凰等动物图像，或雕饰各种花卉，以及海螺、宝伞等。角房或为厨房，或为草房。院落大门多为单扇门，门顶一般还设有一间小门楼。院正中置设中宫，上砌圆槽，圆槽中间竖立嘛呢旗杆，上挂经幡，朝北一面设有香炉。经济条件好的人家庭院院内卵石铺地，且铺至门外，也有用彩石精心镶嵌各式花纹和图案的，颇为讲究。

而民和县三川土族将自己居住的院落称为“囊托”，由于深受汉族文化的影响，土族囊托的空间构成也与青海汉族的庄廓相近，占地半亩左右，呈方形，院墙以土夯筑而成，目前，大多改用砖块砌筑，高4米上下，院门朝南或东南开。囊托内部的布局也有讲究，一般在北面建“大房”（正房），大房是三川土族最为重要的生活空间，其规模凸现了一个家庭的经济实力和文化

日麻上精美的木雕花纹（图/保广元）

三川土族民居囊托一角（图/胡芳）

底蕴，也是囊托里最好的房屋，土木结构，松木构建，柱头、扎口板等上雕饰寓意吉祥的动植物图案，土语称“画槽”。东西两边为厢房，规格低于大房，东北角为厨房，西北角多为库房，西南角、东南角为畜圈、厕所等，南面为柴房等。囊托的正中是用黄土垒筑的花坛，台底埋设“崩巴”（宝瓶一类，一般约请喇嘛或阴阳先生安置）。三川土族的囊托从选址到修建都充满浓郁的信仰意识，自始至终离不开求神问卦，以求宅居之平安。

最奇特的土族民居则是同仁地区的古堡。

同仁的隆务河河谷富庶肥沃，隆务峡也十分险峻，同仁便成了青海藏区的门户，其战略地位极为重要，一向是兵家必争之地。自西汉起在此置军屯垦，其后历代设官建治。至明代，同仁隆务河一带形成以保安、吾屯、郭麻日、年都乎为中心的四个“古堡”群。其中，年都乎古堡和郭麻日古堡保存最为完整。

年都乎古堡是一个军寨，平常是居民居住之所，战时则是一个军事要塞，且年都乎古堡居高临下俯瞰隆务河，背后则是险峻山峦，南侧还有年都乎河这一天然屏障，古堡选址上可谓独具匠心。

隆务河谷（图/王玫）

黄河上最后的筏子客

文/郭晓芸

1940年，杜三虎出生于官亭镇寨子村一个水手世家。不知道多少代了，杜家都以在黄河上放筏子为生，以至于他们相信自己就是为了这黄河而生的。身为筏子客的父亲，有着纯熟的制作皮筏子的技艺。这让杜三虎早早就在父亲的指导下制作筏子。当时在寨子村几乎家家户户都有筏子客，平时会有二三十人，最多时则达到六七十人，出于改善生活状况的考虑，在父亲还没有“退休”时，他就已经背着自己制作的皮筏子开始在黄河的惊涛骇浪上展示着他的娴熟摆渡技术和古道热肠了。从1959年到1985年，杜三虎的筏子客生涯持续了26年。

杜三虎不识字，但却知道一些临津古渡的历史。这在官亭并不奇怪，在这座有着悠久历史的古镇，随便找人打听一下，那些朴实的群众都会娓娓道出历史上曾经有哪些人物从临津古渡进入青海。在众多由临津古渡进入青海的历史人物中，隋炀帝杨广的入青经过至今让人产生无限遐想。作为中国历史上进入民和到河湟流域的第一位皇帝，千百年来，杨广当年是特意下旨在此打造龙船还是如普通市井百姓一样，乘坐羊皮筏子，抑或屈尊钻入牛皮口袋渡的黄河，早已无从考证了，但这一段历史在官亭人的口中，一直被不断演绎，大家想到身为九五之尊的皇帝，也得借助这皮筏子才能渡河，不免也心生几分自豪吧！

如今临津古渡已不复存在，古老的临津渡下游架起了一座长约160米、宽10米的钢筋混凝土大桥——大河家黄河大桥。杜三虎看着汽车载着以前需要用他的皮筏子渡过河的核桃、羊毛、鸡蛋、花椒等疾驰而过，他收起筏子，回到镇上，当了一名伐木工，从黄河上劈波斩浪的筏子客到深山林场的伐木工，他的生活一天比一天好了起来。

连接甘肃与青海的大河家黄河大桥，人和物资都可从桥上快速通过（图/丁生智）

住古堡的土族人

文/张德生

年都乎古堡坐落在隆务河西岸台地之上。在今同仁县城北1千米处，站在年都乎古堡城楼上，同仁县城就会一览无余。年都乎古堡是现在年都乎村的制高点，古堡呈长方形，南北长310米，东西宽约90米，墙以土夯筑，高10米。古堡有两个大门，东门被称为上门，门楼两侧安装有转经筒，进城门后有楼梯通往城楼，城楼两间房内有两个巨大的转经筒，房屋四周是平台，可用来瞭望或放哨。北门也被称为下门，门楼两侧同样有转经筒，但这个城门宽度要比东门小得多，并且城门之上没有城楼。

年都乎古堡南侧就是年都乎河，古堡在河岸之上，河岸和河道呈断崖式，有很大落差，敌人不可能从河道轻易上来。因坐落高台之上，古堡北侧也高出城外很多。这么看，这就是一座固若金汤的城池。即便敌人攻入城内，也很难逃脱被歼灭的命运。年都乎古堡内巷道逼仄，从空中看就像一个巨大的蜘蛛网，走进古堡，仿佛置身于一个迷宫内，走着走着就会迷失道路。这里的巷道不仅窄，还弯弯曲曲，并且多数都是断头路，通到一户人家的门前也就没有了路。

古堡内的民居都是高墙大院，厚重的土夯墙内，其实又是一座座小小的城池。每户人家的院落并不大，多数院内栽有梨树，院落正中央是煨桑台，两侧是柴房和牛棚或羊圈，正房为两层，是主人居住的地方。古堡内

右图：年都乎村全景（图/王玫）

下图：或许正是古堡素朴的颜色，才造就了土族绚烂的服饰（图/任建军）

的每一个高墙大院看似一个独立的防御单元，但事实上每一户人家都是相通的。将每家每户连接起来的纽带就是屋顶，沿着梯子爬上屋顶，就可以在“空中”游览整个古堡了，从屋顶上可以到任何一家去做客。这也充分显示了年都乎先民的聪明智慧——不管谁家遭遇袭击，都能快速地逃离到邻居家。年都乎古堡内二百多户人家共同组成了这个巨大的防御体系。

同仁也曾是西羌居住地。居住在青藏高原的土族先民吐谷浑，与古羌人也曾有过文化交流和碰撞。古羌人的虎图腾崇拜就以“於菟”习俗的形式存在于同仁年都乎土族中，每到农历十一月，盛大的跳於菟系列活动就会在年都乎古堡里举行，持续近一月之久，这样的古堡式民居和神秘跳於菟活动在其他地区的土族中并不曾见到。

撰稿专家

土族，编审，青海省社会科学院《青海社会科学》副主编，全国新闻出版行业领军人才，获首届中华优秀出版物奖，长期从事期刊编辑工作，致力于编辑理论和实践研究。

论文

《“石榴籽”效应：铸牢中华民族共同体意识的应然视角》

扫描二维码，阅读专家代表著作的电子版

回望先民穿越森林，筚路蓝缕的峥嵘岁月(图/王玫)

第2章

高原土族的往昔岁月

历史

本章主撰稿人：青海省社会科学院研究员　张生寅

土族史专家吕建福先生认为，“土人”“土民”的简称，最早出现于11世纪初，当时宋廷议论迁移灵州军民时，“土人”之称与“蕃人”“汉人”并举，说明“土人”为特定的民族名称，而非汉文一般意义上的“土著人”之意。

土族自称“土人”“土护”（“土户”“土谷”），明代文献亦称“土胡”，汉、回等兄弟民族也称其为“土人”“土民”“土谷尔”“土户家”等；但另一部分人却一直自称“蒙古尔”“察汉蒙古尔”（意即“白蒙古”，蒙古族也这样称呼土族）等；藏族则称土族为“霍尔”。土族的语言属于阿尔泰语系蒙古语族河湟语群，语言学界的研究表明，土族语一支早在中古时期就与蒙古族语分化，而鲜卑语一般也被认为属于阿尔泰语系蒙古语族语言，古今两相一致。

土族先民慕容鲜卑从大兴安岭一路迁徙至青藏高原河湟流域，建立了显赫一时的吐谷浑王国，持续300余年。土族以吐谷浑为源为主，元代蒙古人为部分补充，并在不同时期吸收了羌、鲜卑各支、汉族、藏族等民族成分。地处汉藏之间的土族，在历史上两大势力之间起到一定的缓冲作用。吐谷浑王国的历代可汗大多心向中原王朝，并与中原王朝保持较为和谐的关系，维护着一方安宁。在丝绸之路北路阻塞之时，吐谷浑开辟丝路南道，使中原与西域的商路保持畅通。自元以降的各代土司管理地方、守卫边疆，在平定西北的许多战役中立下功劳，巩固了中央王朝的统治。而清朝出自土族地区的藏传佛教高僧二世土观、三世章嘉在整个藏传佛教领域取得极高的地位，他们广泛弘扬佛法、协助清廷处理蒙藏民族关系、推行教育，为中央管理和地方稳定做出了重要贡献。

从大兴安岭到河湟流域

土族源自吐谷浑

慕容鲜卑为祖先，定居甘青融羌蒙

吐谷浑人原是辽东鲜卑慕容部的一支，西晋永嘉末年在首领吐谷浑的率领下，迁至今甘青川交界一带，征服了当地羌人。吐谷浑之孙叶延在位时，建立了政权，以“吐谷浑”作为族称和国名。此后吐谷浑人先后兼并乞伏鲜卑、秃发鲜卑以及铁弗匈奴，形成了稳定的民族共同体。由于征服占据西羌故地，与羌族关系密切，羌族首领参与吐谷浑汗国政治，经常出任大臣、将军，贵族、平民也相互通婚，后来史书上也常以羌、浑连称。吐谷浑部分文化特征上也呈现出鲜卑文化与羌文化相融合的特点。与此同时，吐谷浑王国先后与北朝、南朝诸政权、隋、唐王朝关系密切，深受中原汉文化影响。

吐谷浑王国前后存在300多年，于唐高宗龙朔三年(663)为吐蕃所征服，部分吐谷浑人成为吐蕃统治下的属民。此外，吐蕃统治下的部分吐谷浑人由于文化差异和不堪忍受征发、赋税、劳役等原因，不断内附。如武则天圣历二年(699)四月，7000帐吐谷浑人投唐，同年七月吐谷浑部落1400帐内附。圣历三年(700)，又有吐谷浑余部诣凉、甘、肃、瓜、沙等州降。而以诺曷钵和弘化公主为首的部分吐谷浑人逃入唐朝的凉州等地，继迁灵州辖境(相当今宁夏中卫、中宁二县以北地区)，后再迁今内蒙古、陕西和山西一带，部众分散，史称“吐浑”“退浑”。受吐蕃统治的大部分吐谷浑被吐蕃同化吸收，融入藏族之中。也有一部分吐谷浑人被唐朝安置在阎门州，留居于大通河和湟水流域，依附当地其他民族，其名不显。青唐吐蕃政权及北宋、金、西夏在河湟地区交替统治时，部分河东羌浑部落陆续返回河湟地区，与留

土族人世代生活的河湟流域(图/王玫)

居在这里的吐谷浑遗民会合，成为后来“土人”的主体。

蒙元时期，部分蒙古人曾以各种形式迁居今甘宁青地区，其中有相当一部分人先后在河湟流域落籍，部分与当地土人融合。蒙古统治者在将土族先民即羌浑遗民作为统治对象的同时，因双方在民族来源上有同根关系（均为东胡族系），所以对之另眼相待，逐步提高他们的地位，将他们列入色目人等级，并对一些部落首领量才加以重用（明代一些土族土司的祖先在元代曾任过高官即是明证）。由于土族先民历史上与多民族交流交融，深受主流文化和周边强势民族文化影响，因此其历史记忆也呈现出多元性与混融性特征。

在互助土族自治县的吐谷浑广场上立有吐谷浑可汗的雕塑，以纪念这位英雄祖先（图/田甜）

土族历史上先后受到多种文化的影响（图/田甜）

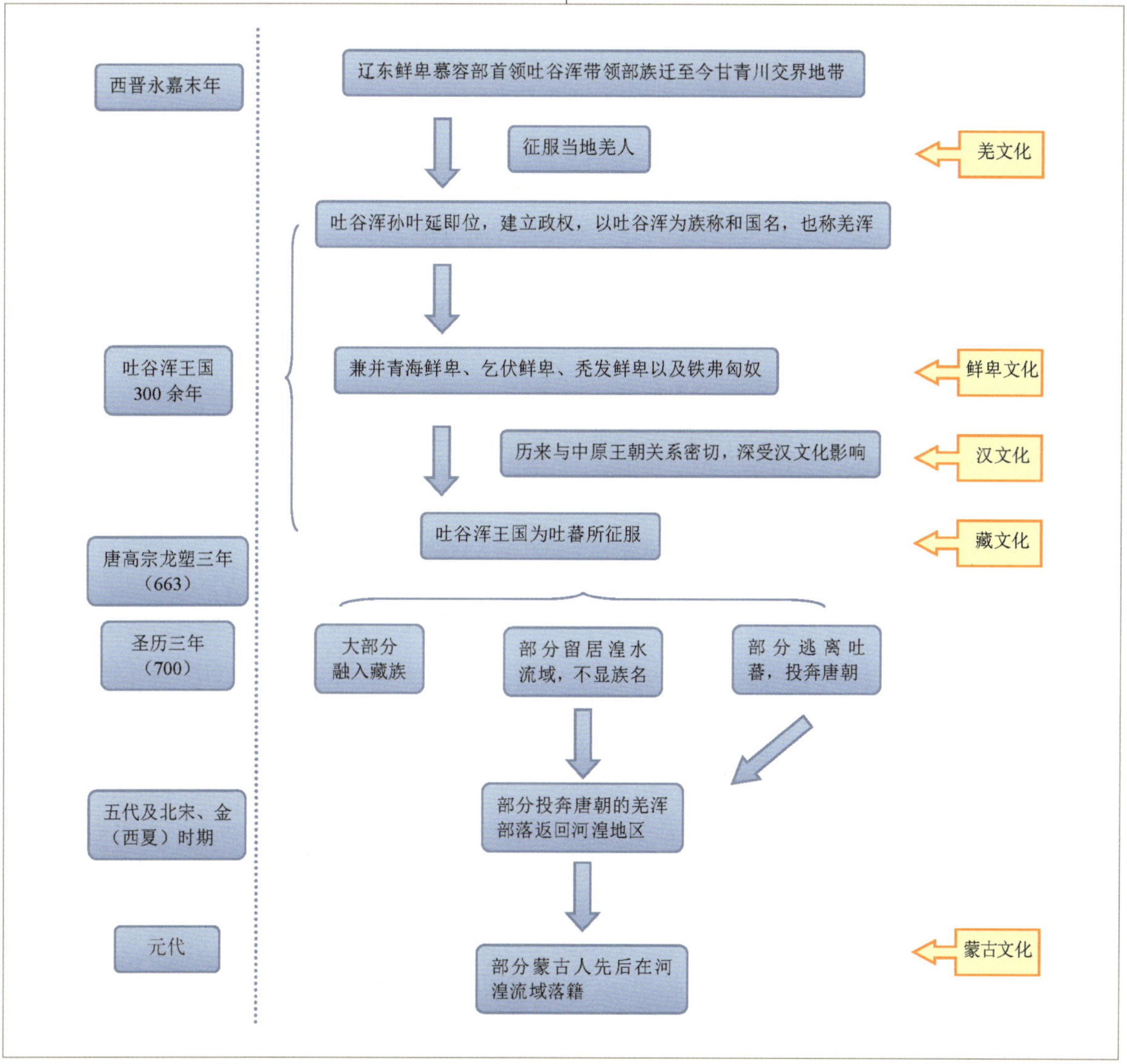

史料中的族源线索

宋代《契丹国志》将吐谷浑简称“土浑”，宋代文献还将“吐蕃”简化为“土蕃”

吐谷浑人简称“土人”“土民”，符合汉语简化原则。史料中吐谷浑人后来简称“吐浑”“退浑”，也将“吐”简化为“土”，如唐代敦煌文献中称“土浑”，宋代《契丹国志》等也简称“土浑”，宋代文献还将“吐蕃”简化为“土蕃”。

现今居住于河湟及河洮流域的土族呈“孤岛”式分布状态，这是清末改土归流以后形成的格局，在此之前则呈连片分布，遍及西北各地及京师周边。明安塞王樗斋《灵州社学记》明确记载灵州土族：“唐尝徙吐谷浑居之，至宋僭有于拓跋氏，为其河南九州之一。大明有天下，既徙其部落于关右，苗裔之存者，俾杂戍卒以居，而统之于千夫长。”其铭文中亦称其人“鲜卑衣裔，耕牧其俗”。迁徙关右的就是分布于平凉及其以南的土人、土达，文献多有记载。

现今仍居河湟流域的土族也是宋代以来的吐谷浑人。《武经总要》记载：“深入羌、胡习俗，全是吐谷浑可汗子孙。其先是狼种，今旌旗皆有狼形，备卫人亦称附离，即彼谓狼也。”此所谓“羌”“胡”，即是“羌”“浑”，“浑”音“胡”。所谓“其先是狼种”且“旌旗皆有狼形”者，应是主部落为狼姓。鲜卑叱奴氏后改为叱氏，意谓“狼”，在吐谷浑同语异译为“呼那”，今土族语仍称狼为“呼那”或“叱奴”。

兄弟相争，分部西迁

20世纪20年代，有外国传教士曾记录西宁土人从东北（今吉林）由晋王带领十三支人马迁移而来的传说，后来兴起的边政调查中就有学者记载土人为吐谷浑后代的传说；20世纪50年代民族调查时，在互助土族中搜集到他们祖先在东北胡斯井地方的传说；20世纪80年

代，甘南地方志学者在卓尼土族中了解到具体的传说，土户家的故乡在遥远的东方，远祖临终时将军权交给大儿子，政权交给小儿子，但国王死后弟兄俩不团结，为兄的便带着一批人马向西迁移到洮河边。这些传说显然是吐谷浑兄弟马斗相争而分部西迁故事的遗留。

敦煌古藏文文书也记载吐谷浑的语言与契丹语大体相同，史籍上保留下来的吐谷浑语的汉文音译词汇和语句，大都可用今天的土族语解读。

从民俗学来说，土族多保留鲜卑、乌桓姓氏及人名特征，"文""乔""闫""吴"等姓出自匈奴。土族歌曲有《鲜卑山之歌》，土族地名有"鲜卑山"之称。土族供奉神箭，应为阿柴折箭故事的遗留。人死后魂归赤地的说法与乌桓人的灵魂观念类似。土族信奉萨满教，也信奉儒释道三教，崇尚汉文化，与其源远流长的历史文化有关。土族是鲜卑族的直系后裔，是鲜卑族自汉魏以来分合迁徙的过程中分部而成的。

在互助土族自治县的吐谷浑广场上立有表现吐谷浑率部西迁的群雕（图/田甜）

鲜卑山之歌

……
哎，鲜卑之山哟，
鲜卑山颈上戴的是什么？
哎，鲜卑之山哟，
鲜卑山颈上戴的是藏布汗的念珠；

哎，鲜卑之山哟，
鲜卑山左肩扛的是什么？
哎，鲜卑之山哟，
鲜卑山左肩扛的是北斗七星；

哎，鲜卑之山哟，
鲜卑山右肩扛的是什么？
哎，鲜卑之山哟，
鲜卑山右肩扛的是南斗六郎；

哎，鲜卑之山哟，
鲜卑山左手拿的是什么？
哎，鲜卑之山哟，
鲜卑山左手拿的是角骨的弯弓；

哎，鲜卑之山哟，
鲜卑山右手拿的是什么？
哎，鲜卑之山哟，
鲜卑山右手拿的是锋利的箭；
……

土族历史记忆为何呈现多元化

文/鄂崇荣

土族地区至今仍然在举行的祭鄂博仪式，正可以印证其历史记忆的多元化（图/鄂香淑）

吕建福先生根据大量文献记载认为，土族是古代鲜卑族的后裔，公元三到四世纪间，最早从慕容部分化。七世纪中，吐谷浑汉国由盛而衰，不断外迁，分化解体，部分聚居于河湟地区，其族名简化为土人、土民。由于土族聚居区河湟地区在历史上是一个民族迁移、征服、融合频繁的地区，属于中原儒释道文化、西藏佛苯文化、北方草原萨满文化、西域伊斯兰文化多重交叉地带，因此，土族精神文化、生产生活方式，甚至历史记忆也深受周围民族的影响。在许多土族村落，土族历史记忆呈现出多元化特征，既有吐谷浑说、蒙古说，也有来源汉族、藏族说等，并且不同村落有着各自的认同。这些多元记忆恰恰也证明蒙元以后陆续进入甘青地区的蒙古人，明代以来汉族驻军和屯民，清代迁徙定居土族地区的少数藏族人口，再次给土族注入了多元文化因子，补充了新的历史记忆，甚至使一些土族村落的历史记忆发生了结构性失忆和重组。

可见，土族是中华民族多元一体格局的一个典型例证，土族血缘和文化的来源也都是多元的，历史上土族先民与汉、羌、鲜卑、吐蕃等民族发生吸纳、融合等现象，而且这种融合吸纳是双向和多向的。如吐谷浑时期吸纳和同化了鲜卑、羌、汉诸族，同时许多吐谷浑部族也融入到了汉、吐蕃等族当中。土族文化是在原有文化基础上不断融合众多外来民族文化因子而形成的，具有浓厚的多重文化元素层叠、整合和汇融等特点。但当外来文化影响频繁时，其原有文化色彩逐渐趋于淡化甚至消失，外来文化色彩反而愈加浓烈。土族口传历史记忆和文化认同即是如此。

驻足青藏高原的吐谷浑先民

吐谷浑孙叶延以吐谷浑为国名

汉藏之间的草原王国

吐谷浑原为鲜卑慕容部的一支。晋太康四年至十年（283—289），吐谷浑率所部1700户（一说700户）从慕容鲜卑中分离出来，西迁至今内蒙古阴山一带。西晋永嘉末（313），又从阴山南下，翻越陇山来到陇西枹罕（今甘肃临夏）西北的罕幵原，以此为据点，征服当地的羌、戎部落，向周围拓展势力。吐谷浑孙叶延在位时，以吐谷浑为氏，吐谷浑始由人名转为姓氏、族名乃至国名，标志着吐谷浑政权的初步建立。

在碎奚、视连等多位可汗在位时，吐谷浑采取远交近攻的策略，既与西秦、后凉、南凉等近邻征战不断，又遣使与南朝刘宋政权通好，使其势力不断发展壮大，成为西北地区举足轻重的强国，其政治中心也由强川（今甘肃南西倾山东北一带）西移至沙州（今青海贵南茫拉河流域一带）。

南北朝时期，吐谷浑继续采取“远交近攻”的策

热水墓群，一些学者认为是吐蕃附属国吐谷浑贵族墓，从中发掘出东罗马金币、波斯银币、大量丝绸物品等，为1996年度中国十大考古发现之一（图/视觉中国）

略，力求与南朝通好，与北朝相安，利用矛盾，巧妙周旋，主动与南北朝进行频繁的通使往来，保持了持续发展和兴盛的势头，政治中心也由伏罗川（约今青海省兴海县曲什安河流域）向西迁至青海湖西的伏俟城（今青海共和县西北石乃亥镇西北铁卜卡古城）。

隋初，吐谷浑可汗世伏上表归顺于隋，隋文帝以宗室女光化公主嫁于世伏。世伏弟伏允立为可汗后，依吐谷浑“兄死妻嫂”之俗尚光化公主。隋炀帝继位后，为争夺丝路贸易利益，派兵对吐谷浑发动战争，在覆袁川（今青海门源永安河谷一带）等地大败吐谷浑。

唐初，吐谷浑在不断遣使入贡、维持双方通贡关系的同时，又屡屡寇掠唐朝西北沿边各州，梗阻西域通道。贞观八年（634），唐分兵五路进讨吐谷浑，可汗伏允为左右所杀，唐以慕容顺子燕王诺曷钵为吐谷浑可汗。贞观十年（636），诺曷钵向唐请婚，唐太宗以宗室女弘化公主许之，双方交往频繁，贡使不绝。

在唐朝大举征讨吐谷浑并将其变为属国的同时，兴起于今西藏地区的吐蕃政权，在松赞干布统一全境后开始积极向外扩张，而与之毗邻的吐谷浑便成为其征服的目标。唐龙朔三年（663），吐谷浑国内亲吐蕃的大臣素和贵叛投吐蕃，吐蕃尽知吐谷浑虚实，于是集兵北进，在黄河岸边击败吐谷浑军队，诺曷钵和弘化公主率数千帐避居凉州，吐谷浑全境为吐蕃占领，最终亡国。

吐谷浑亡国后，除一部分人随王室内徙于凉州、灵州等地外，大部分降于吐蕃，成为附属国，留居原地。后来，在吐蕃统治下的吐谷浑人又有许多降唐，被唐朝安置在甘、瓜、沙、肃等州，并于祁连山南今大通河一带设置阁门州，隶属于凉州都督府，专门安置降附的吐谷浑人。到了北宋，仍有一部分吐谷浑人聚居于祁连山南、今大通河一带。11世纪以后，随着青唐吐蕃政权的兴起，吐谷浑一名不再见于历史文献记载。

繁荣的丝绸之路南道——吐谷浑道

为沟通西域与南朝而生

丝绸之路河南道，是相对丝绸之路河西道而言。秦汉大统一时期，国家的政治经济中心在北方，不论从长安还是洛阳出发，通西域的丝绸之路都无多大改变，青海境内的中西通道，仅对其中段河西走廊的通阻起辅助作用。到魏晋南北朝时期，中国出现了南北两个中心，互相敌对，无论丝绸之路河西道如何畅通，总解决不了南方六朝的通西域问题。加上这时佛教兴盛，通西域除政治经济因素外，还有宗教的需要，因此，丝绸之路河南道就在这种历史背景下应运而开辟。

公元6世纪时，西域各国对南朝丝绸的需求量增大，而南朝地区是高级丝绸的主要产地，这里贸易条件又优于北朝，西域商使凭借吐谷浑的介绍和引导，不辞艰险，纷纷遣使赴建康（今江苏南京）通商，于是商队络绎于河南道上。史称“芮芮常由河南道而抵益州。”芮芮即柔然，河南道即青海境内经由黄河之南东通南朝的一条通道。

从南北朝到隋朝初期的160多年中，在吐谷浑人的努力开拓和精心经营下，丝绸之路青海道盛极一时。由于这时的丝绸之路青海道横贯吐谷浑王国，所以又被后来的人们叫做吐谷浑道或河南道。当

波斯萨珊王朝银币，出土于西宁市城中区隍庙街。上有铭文，显示其铸造于457—483年，这批货币在西宁出现，反映了当时丝绸之路青海道的兴盛（图/《河湟珍藏·历史文物卷》）

时，吐谷浑境内商道纵横，从吐谷浑出发，向东可以通达北朝的北魏以及后来的西魏和北周，向南则有两条路可以抵达南朝的建康：一条是经过龙涸（今四川松潘）地区后，沿岷江南下到达益州，从益州顺江而下，到达建康；一条是经洪和（今甘肃临潭），沿嘉陵江或汉江进入长江，再顺江东下到达建康。向西可以从莫贺川西渡黄河，绕道青海湖，经柴达木盆地西去西域。向北可以横穿河西走廊，经北方的丝绸之路居延路到达柔然和北朝的东魏、北齐。

商人僧侣络绎不绝

吐谷浑道开通后，往来奔波于这条道路上的除了有东西方各地的大批使者和商人外，还有远赴西方求法的一些知名高僧。魏晋南北朝时期，政治失序，战乱不已，颠沛流离的百姓和饱受统治者相互拼斗之苦的统治阶级都需要精神上的一种支持，这种倏尔兴盛、忽而湮灭的残酷现实，使他们在逃避的港湾中逐渐被东汉时传入中原的佛教教义所吸引，于是佛教在这一时期得到了进一步的传播和发展。佛教的广泛流行，使许多信佛之人踏上了西行求法的漫漫之途。吐谷浑王慕利延在位时，著名高僧慧览在游历西域后途经吐谷浑道返回内地。北魏神龟元年（518），僧人惠生和宋云前往西域求经，当时走的就是吐谷浑道。北周武成元年（559），印度乾陀罗僧人阇那崛多也是由于阗经吐谷浑道前往长安的。

在吐谷浑国内，商人受到重视和尊敬，在政治上享有比较高的地位，人们也乐于从事各种商业活动。吐谷浑商人若要到内地和西域进行贸易，官方会提供力

丝绸之路青海道示意图，西至若羌、敦煌，东往兰州、松潘（绘图/陈丹正）

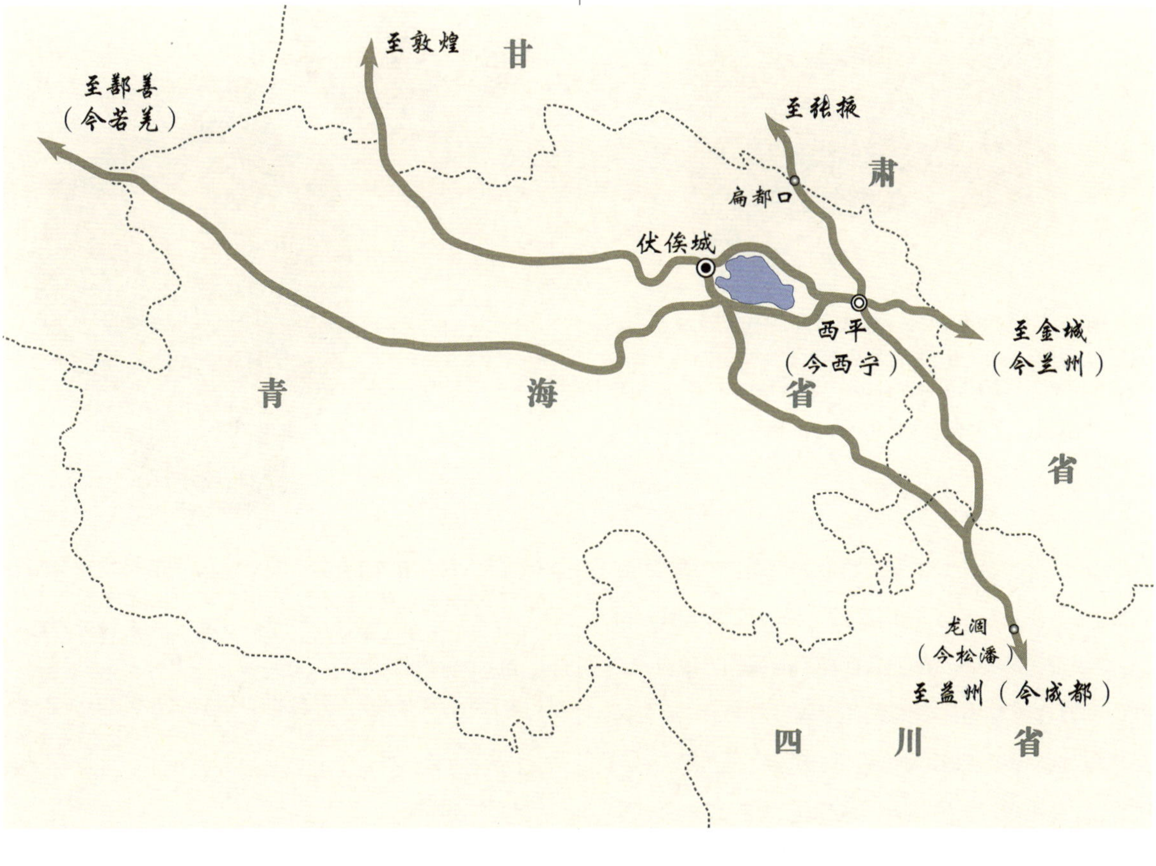

褐地卷草葡萄纹绫和絣，出土于都兰县热水唐代大墓。丝织品袍服残片，是研究唐代丝绸之路经贸往来的重要实物资料。大墓出土400余片丝织品残片，不重复图案的品种就达130余种，其中112种为中原汉地织造，18种为中亚、西亚织造（图/《河湟珍藏·历史文物卷》）

所能及的方便，甚至还经常允许商人们随贡使团同行，借助官方的外交活动，为商人的贸易活动提供政治保护。对于前来吐谷浑从事商贸活动的西域和内地商人，吐谷浑政权不仅为他们提供食宿等各种方便，而且还经常派出向导和翻译，为他们指引道路、提供翻译、沟通信息，甚至派军队为商队提供保护。常年往来奔波于丝绸之路的除了有南朝、柔然和西域各国派出的大批使者外，还有众多来自东西方各地的商队和商人。特别是远在中亚、西亚的滑国、波斯、安息等国家和地区的一些商人，不辞艰辛长途跋涉来到吐谷浑，或定居于吐谷浑开展贸易活动，或在吐谷浑人的帮助下经丝绸之路青海道南下，来到南朝的政治经济中心建康进行贸易活动，或跟随吐谷浑使团或商团来到柔然、西魏和北齐，从事商业贸易。当时通过吐谷浑和丝绸之路青海道输往西方的商品主要有丝绸、纸张、瓷器、药材、珠宝、茶叶等，其中数量最多的是各种精美的丝绸，运到内地的商品主要有玉石、玛瑙、珊瑚、水晶、玻璃、金银器、珍贵的香料、良马以及一些异禽怪兽。

上图：羽人瓦当，出土于民和县川口镇。泥质灰陶瓦当，图案浅浮雕式。瓦当正中为带翼天使小像，此形象与瓦当相结合，体现出西亚文化的本土化，是丝绸之路上中西文化融合的证明（图/《河湟珍藏·历史文物卷》）

下图：波斯银鎏金双面人头像，出土于都兰县热水唐代大墓。物件为某种器具的组件，两面为人头，头戴小圆帽，深目高鼻，为典型的中亚波斯人形象，是丝绸之路青海道的历史见证（图/《河湟珍藏·历史文物卷》）

第一座飞跨黄河的木桥——河厉桥

文/毕艳君

吐谷浑于公元5世纪初在黄河上修建了著名的河厉桥。根据南宋段国纂，武威张澍辑录的《沙州记》载："吐谷浑于河上作桥，谓之河厉，长百五十步，两岸垒石作基阶，节节相次，大木纵横，更相镇压，两边俱平，相去三丈，并大材巨板横次之，施钩栏，甚严饰。"郦道元《水经注》把这座桥写在"桥在清水川东也"。此桥地点尚无定论，可能在今兴海县曲什安河入黄河口上下。

河厉桥的修建，在青海桥梁史上是一个创举，它第一次以木桥的实体飞跨黄河，而且桥型新颖，工艺精湛。该桥桥中无墩柱，在险谷陡崖铺设伸臂木梁，好似飞渡，故有飞桥之称。另因桥梁系木材纵横相间叠起，层层向河中挑出，中间相握而成，故也称为"握桥"。青海在民国时期的小峡、扎马隆、大通桥头，都建造过这种桥型，两边还建有牌楼，桥上覆盖成廊，形态颇为壮观。这种桥结构科学，施工简便，因而在西北地区广为采用，并延续了上千年的历史。同时，还成为现代悬臂桥梁的先驱，其影响甚为深远。

吐谷浑还在黄河上建造了大母桥，大母桥当在浇河上游，今兴海县与贵南县相夹的尕马羊曲一带，这是吐谷浑在黄河上建造的第二座桥。

吐谷浑人的自强不息和致力于发展国际贸易、大力开拓交通的思想，为沟通中西交通提供了物质条件。也因为此，青海道、河南道在这一时期很是兴盛，而与此相关联的黄河桥的建设，则是吐谷浑人对青海古代交通事业做出的另一杰出贡献。

河厉桥遗址，因为河厉桥为木结构，桥身早已腐朽消失，只留下黄河岸边的遗址（图/胡芳）

繁荣与艰险并存的丝绸之路

文/毕艳君

丝路是一条繁荣的商道，也是一条充满艰苦危险的商道，路程遥远，途经酷热、苦寒、风沙、冰雪、雨雹和高山峻岭地区。荒漠沙碛，大河激流，危道险径，无不具备。法显在《佛国记》中，对通过沙漠地带时之所见，曾有“欲求度处，则莫知所拟，唯以死人枯骨为标帜耳”“路中无居民。涉行艰难，所经之苦，人理莫比”的直观描述。漫长的旅途中更有杀人越货的匪徒出没，其中，个体商人是最招引灾祸的目标，所以单帮行商危险太大，而组成商队，有武装戒备的话，安全性较强，因此，在频繁的贸易往来中有了结伴而行的商队。

商队的组织，通常是贸易国的商团，组合了同营路线的商侣，推举首领，向政府缴纳税金，领取护照。号称贸易国的商队，有取得政府保护和支援的权利。商队首领经政府的认可和任命后，即成为政府的代表，具有政府官员的身份，管理全队的一切事务，有批准奖惩、收留或开除队员乃至决定队员生命财产的生死予夺大权，是全队的安全和财富的寄托。商队的成员，根据商品价值，付给首领一定的报酬，作为入队费。

商队的首领既经任命，成为贸易国的代表，在旅途通过有联系的国境，奉送商品做礼品，交验护照，取得供给、贸易和通行的权利，也兼代表政府作政治友好联系。从这一意义上讲，商队首领即使臣，商队即使团。商队通过没有贸易关系的国家时，则必须重新组织商队，纳税领照，成为过境国的商队。商队在旅途中，可不断吸收请求附行的商旅，扩大成员，因而商队的成员，经常有众多不同国籍的商贾，如中亚的商队内，甚至有欧洲商人。商人通常称为“队商”。

商队的出现，使各国的贸易往来有了很强的组织性和安全性，在促进各国贸易发展的同时，也使充满艰辛的丝绸之路少了几分孤独的凄苦。

《周书·吐谷浑传》载：“魏废帝二年（553）……是岁，夸吕又通使于齐氏。凉州刺史史宁觇知其还，率骑袭之于赤泉（在今甘肃永昌县境），获其仆射乞伏触板、将军翟潘密、商胡二百四十人，驼骡六百头，杂彩丝绢以万计。”这一史料表明，由重臣、将军率领的高级使团，实际是商胡组成的商队，这证明了使团和商队的一体性，也说明了当时商队的规模相当庞大，运量可观。

商队的一次往返，需要长时间的准备，加之路程遥远，大队行速缓慢，各地办理通行手续，以及出货进货等活动，所以旅期很长。途中若有天灾、人祸、病害等情况，行程更难预计。南朝路远，往返需时数月，运到建康，则必半年以上。吐谷浑南北遣使频繁，甚而一岁再三至，所以商队相继，不绝于道。吐谷浑和西域各国的许多商队极其活跃地分别运行在南向益州、建康，东通长安、洛阳、邺城，北在伊吾（在今甘肃安西县境）商道，西向鄯善、于阗“丝路”甚至更远的西域交通线上，可见当时的商队运输是十分繁忙的。

商队的运输工具主要利用了青海境内丰富的畜力资源，由于长途跋涉中多有沙漠戈壁地带，因此商队在运输中以驼运为主，驼骡载货，胡商乘马。在悠扬的驼铃声中，在商队的艰难行进中，难以计数的西方物品传到中国，而中国的丝绸和瓷器等西方社会需要的奢华消费品也通过驼队传到了西方。今天，当我们穿越千年时空，审视那些静静躺在博物馆里带着浓郁西方色彩的器物时，我们似乎还能听到那来自于古罗马和古印度的美丽传说。那一刻，不畏艰险、长途跋涉的商队身影就会浮现在眼前。

鎏金西方神祇人物联珠饰银腰带。腰带用银线编制，上嵌七块圆形牌饰，铸压西方神祇人物图案，工艺精湛，文化特色鲜明，是中西方文化交流的历史见证资料（图/《河湟珍藏·历史文物卷》）

吐谷浑王国的统治者
（吐谷浑历代可汗）

姓名	在位时间	姓名	在位时间
吐谷浑	？—317年	拾寅	452—481年
土延	317—329年	度易侯	481—490年
叶延	329—351年	伏连筹	490—529年
碎奚	351—376年	呵罗真	529—530年
视连	376—390年	佛辅	530—534年
视罴	390—400年	可沓振	534—535年
乌纥堤	400—405年	夸吕	535—591年
树洛干	405—417年	世伏	591—597年
阿柴	417—426年	伏允	597—635年
慕璝	426—436年	慕容顺	635—635年
慕利延	436—452年	诺曷钵	636—688年

正式建立吐谷浑王国的叶延可汗

叶延是吐谷浑第二代可汗土延的长子，在他10岁的时候，其父为羌人酋长姜聪刺杀后，他便扎了一个草人当作姜聪，每天早上拿着弓箭哭着射草人，射中了便大声痛哭，射不中则怒目嚎叫。他的母亲劝道："仇人姜聪已经被众将乱刀砍死了，你何苦要这样折磨自己呢？"叶延哭着回答母亲："我知道已经无法亲手报杀父之仇，射草人只是为了减轻心中的痛苦。"叶延对母亲十分孝顺，母亲生病后5天都没有吃东西，他也5天不吃不喝，陪在母亲身边。

叶延长大后沉着刚毅，喜欢探究有关天地造化、帝王年历方面的问题。一次，叶延询问司马薄洛邻三皇五帝的父母亲是谁，薄洛邻惭愧地答道："臣等学识浅薄，实在不知道三皇是何父之子，五帝为谁母所生。"叶延叹息道："自伏羲以来，那些天命、象术之类的事在一些典籍中记载得清清楚楚，而你们只知道面壁自守，不知道学习，是多么的孤陋寡闻啊！庄子说'夏虫不可以语于冰者'，这句话说得真是没错啊！"

叶延熟读史家典籍，认为他的曾祖父奕洛韩曾被封为"昌黎公"，自己也是诸侯的子孙，按照《礼》这本书的说法，诸侯的后代可以用祖先的名字作为自己的姓氏，因此，他用祖父吐谷浑的名字作为王族的姓氏。从此，史书上开始用"吐谷浑"来称呼这一支慕容鲜卑和他们在西北建立的政权，标志着吐谷浑作为一个国家政权正式建立。

折箭遗教的阿柴可汗

阿柴是吐谷浑历史上较有作为的一位国主，他和前几代可汗一样，非常仰慕中原地区的儒家文化，对中原王朝有很强的归属感。有一天，他与随从登上西强山，看见垫江（今嘉陵江上游）从山南发源，滔滔东流，汇入大海，便发出了"水尚知归，吾虽塞表小国，而独无所归乎"的感慨。阿柴受命于危难之际，发奋图强，积极开疆拓土，不仅兼并了周边的许多氐、羌部落，而且乘西秦与北凉这两个割据政权不断争战之机，夺回了沙州、浇川等吐谷浑旧地，并向西北扩展到弱水南，向南拓土至龙涸、平康，使吐谷浑一度成为拥有数千里疆界的区域强国。但无奈当时的西秦政权势力仍然十分强大，西秦于东晋元熙元年（419）再次派兵大破吐谷浑。阿柴为了保存实力，被迫遣使臣服于西秦，后被封为征西大将军、开府仪同三司、安州牧、白兰王。

宋少帝景平元年（423），阿柴向南朝刘宋政权遣使通好，企图借刘宋

甘肃武威出土的吐谷浑彩绘武士木俑（图/视觉中国）

之力抗衡北方宿敌，但没来得及接受刘宋政权的册封就暴病而亡。临终之际，阿柴将弟弟和儿子们召集到榻前嘱咐道："先公车骑将军树洛干舍弃他的儿子而将国家大事托付给我，我怎敢忘记先公的大义之举而传位于自己的儿子纬代，就让慕璝继续执掌国家大事。"随后，阿柴又命自己的20个儿子各拿出一支箭，从这20支箭中抽出一支交给同父异母的弟弟慕利延，让慕利延折断它，慕利延轻而易举地将这支箭折断了。接着，他又叫慕利延拿余下的19支箭来折，慕利延用尽全力也无法折断。阿柴语重心长地对大家说："你们知道吗，单箭易折，众则难摧，你等只要戮力一心，社稷就可以长治久安！"话刚说完，就离世而去。这就是历史上著名的阿柴折箭遗教的故事，直到今天仍是告诫人们要精诚团结的历史典故。

迁都伏俟城的夸吕可汗

夸吕是吐谷浑较有作为、且在位时间最长（535—591）的一位国主。他即位后，改变了长期以来吐谷浑国主接受南北朝诸政权封号的习惯，采用了北方游牧政权的"可汗"的称号，开始自称"可汗"，把自己的妻子称为"恪尊"。同时，他将吐谷浑的都城从原来的伏罗川（约今青海省兴海县曲什安河流域），迁到了青海湖西15里伏俟城（今青海省共和县铁卜卡古城），修建了坚固的城墙和宫室房屋。夸吕迁都伏俟城后，还进一步完善了吐谷浑王国的政治制度。当时，吐谷浑国的官职有王、公、仆射、尚书、郎中、将军等，封王的大都是王室子弟和其他民族部落的首领。国内不设常税，需要的时候才从富裕人家和商人那里征收，数目也不固定，取够为止。刑罚也比较简单，杀人者偿命，盗马与杀人同罪，其

"伏俟城"是鲜卑语，意为"王者之城"。东距青海湖边约7.5千米，周围为湖滨大草原。城墙保存完好，东西220米、南北200米，城高现存12米左右，城墙基宽17米。只开东门，门宽10米，门外有一折角形遮墙。城内布局非常整齐紧凑，自城门向西有一中轴大道，大道两旁各有长约50米、宽30米相连的房屋基址遗迹，中轴线西端为一东西长66米、南北宽70米的小方院，小院东、南、北三面墙只略高于平地，西墙则与西城墙重合为一。小院的门开在中轴线上。在小院的西南角与南部房屋基址之间存一直径约15米、高9米的夯土台，台上遗留有建筑痕迹。城内地面有少量的瓦片和陶片，未见其他遗物（图/胡芳）

他罪行可以用财物赎罪。夸吕本人有较高的汉文化素养，喜欢阅读和收集当时流行于南北朝的诗文词章。

夸吕在位时，中原地区的政权更迭不断，北方的北魏分裂为东魏、西魏，后又相继被北齐、北周所取代，杨坚取代北周建立隋朝后，最终消灭南方的陈朝，统一全国。夸吕奉行远交近攻的策略，先后与东魏、北齐交好，曾将自己一个容貌美丽的堂妹举荐给东魏的孝静帝，这位堂妹后来被封为容华嫔。同时，又遣使向东魏求婚，孝静帝封济南王元匡的孙女为“广乐公主”，嫁给夸吕为妻。对近邻西魏、北周、隋等，在遣使通贡的同时，则不断寇扰其边境地区，先后遭到西魏、北周、隋的多次武力讨伐，虽未伤及元气，但也损失惨重。夸吕晚年时，常常因猜忌和喜好废杀太子，不仅使王子们人人自危，而且使国内各种矛盾十分尖锐，不断有王公贵族率领属民投降隋朝，吐谷浑国势也开始由盛转衰。隋开皇十一年（591），在位57年之久的夸吕去世，其子世伏继位。世伏继位后派人向隋奉表称蕃、贡献方物，积极改善与隋朝的关系。开皇十六年（596），隋文帝下令将宗室女光化公主嫁与世伏，并任命柳謇之为散骑常侍，护送公主到吐谷浑成婚。次年，吐谷浑国内再次发生内乱，国人杀世伏，立其弟伏允为可汗。伏允上表隋朝，请求按吐谷浑“兄死妻嫂”的习俗娶光化公主为妻，得到隋文帝的许可。此后，吐谷浑年年向隋朝进贡，双方保持着十分友好的关系。

唐太宗远嫁弘化公主至吐谷浑

唐朝建立后，吐谷浑虽与唐朝保持着密切的通贡关系和经济贸易，但也时常伺机进攻唐朝的边境郡县。唐太宗贞观八年（634），唐军在李靖的率领下兵分五路进讨吐谷浑，伏允兵败自杀，伏允之子大宁王慕容顺被唐太宗指定为吐谷浑王。但慕容顺继任王位不过十日，便被部下所杀，唐太宗便立慕容顺之子诺曷钵为吐谷浑主。贞观十年（636）十二月，诺曷钵亲自到长安觐见唐太宗，并请婚。贞观十三年（639），诺曷钵到长安迎娶公主，唐太宗将宗室女弘化公主嫁于诺曷钵。贞观十四年（640），唐太宗派左骁卫将军、淮阳王李道明送公主至吐谷浑。弘化公主是唐朝第一个嫁于吐谷浑王室的公主，虽然她只是李氏宗室女，并非唐太宗的亲生女儿，但太宗对她疼爱有加，怜惜她远嫁异乡，赐给她许多嫁妆。唐高宗永徽二年（651），离开长安已12年的弘化公主提出要回朝省亲，得到高宗的同意，高宗派左骁卫将军鲜于济去迎接公主。同年十一月，弘化公主与诺曷钵一同抵达长安。由于弘化公主是唐朝远嫁边疆少数民族地区的15位公主中唯一回娘家省亲的一位，唐高宗对她礼遇有加，同意了她与诺曷钵为其长子慕容忠赐婚的请求，将会稽郡王李道恩的第三个女儿封为金城县主，许给了慕容忠，使吐谷浑和唐朝的关系更加密切。

唐高宗龙朔三年（663），吐蕃吞并吐谷浑后，诺曷钵及弘化公主率数千帐属民逃至唐朝的凉州避难。唐朝虽支持诺曷钵重返故地，但唐军在大非川之战中惨败，诺曷钵复国的希望彻底破灭。此后，唐高宗先是将诺曷钵和弘化公主安置在鄯州浩门河一带，后来将他们迁到了灵州（治所在今宁夏灵武南），在灵州境内设置了安乐州和长乐州。武后时，赐弘化公主武姓，改封为西平大长公主。唐圣历元年（698），弘化公主去世，被葬在今甘肃武威南30千米的青嘴喇嘛湾。

弘化公主墓志盖，上书“大周故西平公主墓志”

闻名西陲的土族土司

中央王朝钦点的西北管理者

土族土司理边陲

元、明、清时期，中央王朝借鉴汉唐以来在边疆少数民族地区实行羁縻政策，在我国西南、西北少数民族地区开始推行土司这一特殊的行政管理制度。土司制度在土族地区的推行可以追溯到元代，据文献记载，当时在甘肃行省土族先民活动和居住的地区，先后有祁贡哥星吉、朵儿只失结、李南哥、南木哥、帖木录、赵朵只木、失喇等少数民族上层人物被元朝政府授予不同土官官职。元朝灭亡后，上述民族上层人物“或以元时旧职投诚，或率所部归命”。明朝政府继续推行土司制度，对这些归附的地方上层授予土官之职，准其子孙相袭，成为各家土司的始祖。如：曾任元甘肃行省理问所官的祁贡哥星吉被授予世袭副千户之职，成为“西祁土司”始祖；曾任元甘肃行省右丞的朵儿只失结被授予西宁卫指挥佥事之职，为“东祁土司”始祖，等等。各家土司始祖中既有土族，也有蒙古族和藏族土司，但由于他们的部属多为土族，因此经过若干年的发展后，这些土司的后代也逐渐融入土族之中了。

永登县连古镇鲁土司衙门遗址（图/视觉中国）

土官与土司的区别

土官与土司是元代以来对各级政府机构中的土职官员和少数民族土职政权及其世袭官员的称呼，二者既密切相关又有一定的区别：一是出现的时间不同。在元代，所有的土职都统称土官，直至明代中叶，仍以土官统称各种土职。土司名称出现于明代中期的嘉靖年间；二是内涵不同。土官一般泛指土职本人，土司则不仅泛指土职其人，而且也指与土职相联系的政权机构或衙门。由于不论是元代、明代中叶以前的土官，还是明代中叶以后才出现的土司，都是同一种历史现象和过程的不同阶段和不同称呼，因此不论是学术研究著作还是一般的通俗读物中，土司已经逐渐成为一种统称。

土族土兵守边陲

明代，土族土司世袭军职，均拥有一定的武装力量，即土兵。土兵按其所隶属的土司，常被人民称为李家兵、祁家兵等。这些土兵平时耕牧，战时自备战具，常常是炒面一袋，军裘一袭，奔驰数千里，撑持三两月，悬命锋镝，毫无怨言。由于英勇善战，夙称骁健，人乐为用。明代，土族土司和土兵经常被明朝政府征调，参加国内的各种军事征剿活动。据学者统计，终明之世，西宁卫之西祁土司祖孙三代被征调19次，西李土司10次，汪土司8次，吉、纳、冶土司各6次，并立下了赫赫战功。可以毫不夸张地说，有明一代的土族土司和土兵，对安定明朝边防、维护国家统一发挥了十分积极的作用。

清代，蒙古、西藏相继归属，土族地区已不是边防重地，因而土族土司在国防上的地位及作用已不如明代那样突出。但土族土司仍然是西北地区一支活跃的军事力量，在出征平叛，安定地方的过程中，为维护国家统一发挥了一定作用。清初，西北地区反清事件频发，土族土司积极效命于清廷，奉命率土兵或随官军围剿，或派驻防守城池，或驻扎各地堵击，为巩固清朝在西北地区的统治发挥了积极作用。

明清时期土族土司对封建国家的长期忠诚和所做出的积极贡献，也得到了封建史学家们的热情称赞。曾在康熙、乾隆年间两任西宁道的杨应琚在其编纂的《西宁府新志》一书中称赞说："明时土司祁氏、李氏、冶氏，咸以才勇开两国，位宫保，建忠节，代不乏人。"并认为甘青地区的土官易制，"绝不类蜀黔诸土司桀骜难驯也"。《秦边纪略》一书的作者梁份到甘青地区亲自视察后说道，甘青地区"藉以保障者，非兵之力，土司之力也"，土司"管土官土军土民，西陲之地实倚藉焉"。《清史稿》也对土司所发挥的作用进行了肯定，认为终明之世，甘青地区的土司，"素有捍卫之劳，而无悖叛之事"。

互助土族故土园内的土司断案表演（图/陆裕庆）

青史留名的土族土司

名称	始祖姓名	土司居住地	所辖土民户数	所管入册土兵
东李土司	李南哥	今民和县上川口	4000余	马土兵100步土兵100
西李土司	李文	今湟中县田家寨乞塔城	963	马土兵50步土兵50
东祁土司	朵儿只失结	今乐都县胜番沟	700余	马土兵100步土兵100
西祁土司	祁贡哥星吉	今平安县寄彦才沟	约900余	马土兵50步土兵100
纳土司	沙蜜	今西宁城南纳家庄	150	马土兵5步土兵20
汪土司	南木哥	今湟中县海子沟乡	130	马土兵5步土兵20
吉土司	吉保	今湟中县吉家庄	90	马土兵5步土兵20
赵土司	赵朵只木	今乐都县赵家湾	120余	马土兵5步土兵20
阿土司	失剌	今乐都县老鸦堡白崖子庄	150余	马土兵5步土兵20
甘土司	帖木录	今民和县美都川甘家庄	300余	马土兵25步土兵25
朱土司	乩铁木	今民和县三川朱家堡	62	马土兵25步土兵25
辛土司	朵力乩	今民和县三川辛家庄	100余	20
剌土司	哈剌反	今民和县三川剌家庄	不详	无定额
小李土司	李化鳌	今乐都县岗子沟九家庄	100余	马土兵25步土兵25

注：表中所列土司所辖土民户数和所管入册土兵为清末时期的数据。

名震河湟的东李与西李

明清时期青海地区的土族土官与土司中，所任官职和所封爵位级别最高、势力最大、声名最显赫的要数李氏土官。李氏祖籍今宁夏，蒙古攻灭西夏之际，为逃避战乱，迁居今青海民和县境内。明初，在当地颇有声望的李氏族人李南哥归附明廷，被授予西宁卫管军土官所镇抚（正七品）之职。后来，李南哥因多次协助明朝招抚、征讨西宁卫各藏族部落与地方势力有功，先后升任西宁卫卫镇抚（从四品）、卫指挥佥事（正四品），并赐怀远将军称号。李南哥之后，李氏族中接连涌现出会宁伯李英、高阳伯李文等战功赫赫、位居高官的后人，因而名震河湟。会宁伯李英的后代世居今青海民和、乐都县境，高阳伯李文的后代世居今湟中县境，故后世依据居地方位而将李英一系的土司后裔称为东伯府或东李土司，将李文一系的土官后裔称为西伯府或西李土司。

李天俞重修《李氏宗谱》中所绘制的李英（右）和李文（左）画像

东李

李英（1382—1442），字士杰，是奠定李氏土司家族发展基业的关键性人物。他从小聪慧不凡，喜欢学文习武，长大成人后，体格魁梧，臂力过人，精于骑射。永乐五年（1407），其父李南哥因年老辞职后，由他承袭指挥佥事之职。李英承袭父职后，于永乐八年（1410）、十二年（1414）、二十年（1422）、二十二年（1424年）四次率土兵随永乐皇帝朱棣北征蒙古，立下许多战功，先后升任西宁卫指挥同知（从三品）、西宁卫土官指挥（正三品）、陕西行都司都指挥佥事、都指挥同知（正三品）。就在李英升任陕西行都司都指挥同知后不久，发生了安定、曲先二卫头领劫杀明廷出使乌斯藏地区使臣的事，李英奉命率兵出塞，直驱柴达木盆地，在昆仑山西数百里的雅令阔地方大败二卫头领及其部众，夺回被劫掠的朝廷赐物，并缴获驼马14万之多，维护了明廷“万邦之主”的尊严。明宣宗为表彰李英擒灭强寇、开通道路的功绩，于宣德二年（1427）册封李英为推诚宣力武臣、特进荣禄大夫、柱国、会宁伯，食禄1100石，给赐铁券，赠其三代及妻。然而李英晋封会宁伯后，渐生骄慢之心，为霸一方，多有不法行为，最终被明宣宗逮捕下狱。

正统二年（1437），明英宗念其前功，下诏夺去会宁伯爵位及其他官职，免其死罪，从狱中释放还家。正统七年（1442），李英在忧郁中去世，终年60岁。英宗感念李英旧功，授予庶长子李昶锦衣卫指挥同知（从三品）之职。由于李昶办事严格谨慎，最后官至左军都督府都督佥事（正二品）。李昶先后娶有四房夫人，育有13个儿子，后来分居各地，发展成为十三个支系，称为东府十三门。土司世职，则由李昶的第二个儿子李巩及其后代承袭。李巩于成化十六年（1480）中举人，次年中进士，初授中书舍人，后官至尚宝司丞。李巩曾孙李光先于万历十一年（1583）考中武进士，升任锦衣卫指挥使。

落款时间为民国五年的鲁土司衙门牌匾（图/视觉中国）

西李

李文（1405—1489），字孟华，号尔雅，与李英同宗。幼年时随父来西宁，遂入籍西宁卫，成为李英家族舍人，按谱系为李英侄子。李文从少年时就跟随义父李英征战。明仁宗洪熙元年（1425），随李英征讨安定、曲先等卫有功，升为西宁卫指挥佥事。后来，在担任陕西行都司都指挥佥事期间，李文安抚藏族部落，平定曲先卫叛乱，弹劾徇私枉法官员，受到边民称颂，官至都指挥使。天顺元年（1457），英宗朱祁镇复辟后，李文也被冒为夺门迎驾有功者，升为右军都督府右都督。5天后，又命他佩镇西前将军印，充总兵官，镇守大同。次年，因抗击入侵的蒙古骑兵获胜，被册封为奉天翊卫宣力武臣、特进荣禄大夫、柱国、高阳伯，食禄一千石。天顺四年（1460）八月，蒙古瓦剌部分三路攻扰明边，朝廷急令李文布置防御。但李文按兵未动，致使蒙古骑兵自雁门长驱直入，大掠忻州（今山西忻县）、代州（今山西代县）诸地，京城为之震动。英宗遂下诏将李文下到锦衣卫大狱，锦衣卫、都察院议罪都将李文定为死罪。英宗念其前功，赦免死罪，但削夺了伯爵，降职为都督佥事（正二品），发落到延绥镇立功自效。后李文每遇征战总是奋力杀敌，成化七年（1471）九月，因功由都督佥事升为都督同知（从一品)。成化九年(1473),李文奉命统兵前去收复由吐鲁番首领袭据的哈密,但由于这里民族复杂,收复艰难,最后无功而返。成化十四年(1478),李文以年老乞休归家。回到青海后,李文在家闲居,晚年曾出资维修西宁宁番寺(今西宁市大佛寺〕。弘治二年(1489)十二月因病去世,享年84岁。李文受封伯爵后,建伯府于西宁南川乞塔城,管守45处田土。李文生有10个儿子,这10个儿子后来自立门户,分居于西宁南川、西川、北川、沙塘川及今乐都县胜番沟、岗子沟、努木只沟等处,形成西府十门。

清初,东李、西李土司率先归附,被授予明代原职,世代承袭,并照旧管束土官土军土民。会宁伯李英的六代孙李化鳌,在明末时曾出任大通游击,清初率部归附清朝,被授予世袭百户之职,管束今民和县松树庄、胡刺海等处土民,世居今乐都县岗子沟九家庄。自此,李化鳌这一支便从东李土司一支中分化出来,被称为小李土司,李氏土司家族演化为东李土司、西李土司、小李土司3个土司支系。

历史前进的必然
——土族地区土司制度的终结

民国时期,甘青地区的土司虽然得到了保留,但并没有扭转清代以来急剧衰落的势头。当时,甘青地区的土族土司仅剩下8家,土司的职权也仅限于征税、派差等,权力也大大缩小,管辖的土民和土兵人数也很少。1930年,土族土司中势力最大的西祁土司,管辖土民1054户,男女大小共计6031人,下辖土千总1人、土把总2人、马兵50人、步兵100人。临潭着逊小杨土司,只有属民6族48户,其中30户为"吃田"的汉民,其地位不及保长。而且,进入民国以来,随着社会的进步和各项社会改革的推行,土司制度在当时反对封建、追求进步的社会浪潮中显得越来越不合时宜,废除土司制度已是势在必行。1926年,西宁县农会会长蔡有渊曾向甘肃省政府状告土司制度下"土、汉人民义务不均",经西宁道尹林竟查明核议,建议取消土司制度,得到当时甘肃省政府的核准,但由于战事纷乱,该议案未能落实。青海建省后,西宁县县长陈宗汉请求执行前案,取消土司制度。青海省政府鉴于社会各界要求废止土司制度的呼声很高,于1930年通令各县,以后土民粮草均由各县政府直接征收。1931年,青海省政府正式呈请国民政府命令取消青海省土司各职。同年8月,南京政府通过"明令撤销土司一案"。至此,土族地区延续数百年的土司制度和土官被正式废除。

丹书铁券

丹书铁券是封建帝王颁发给功臣、重臣的一种带有奖赏和盟约性质的凭证。最早滥觞于战国时的铜节,西汉初期,汉高祖刘邦曾颁给功臣丹书铁券作为褒奖,但无免罪和免死等许诺。南北朝至隋唐时期,颁发铁券已较为普遍。隋唐以后,颁发铁券已成常制,凡开国元勋、中兴功臣以及少数民族首领皆赐给铁券,也给宠宦、宦官颁发铁券。到宋元明清时期,铁券的颁赐逐渐趋于完备。铁券上的文字在汉时用丹砂填字,即"丹书铁契";梁时用银字填字,即"银券";隋时用金填字,亦称"金券",所以后世称铁券为"金书铁券",又因铁券可以世代相传,又称铁券为"世券"。明英宗颁赐给青海西李土官高阳伯李文的"铁券",用生铁铸成,半弧形覆瓦状,左右长37.5厘米,上下高21.2 厘米,厚0.25厘米,重1300克,现藏青海省档案馆。

1996年发行的中国古代档案珍藏系列邮票,其中之一即明英宗颁赐给青海西李土官高阳伯李文的"铁券"

护国利民、慈济高原的土族高僧

清代时土族涌现出二世土观、三世章嘉等许多高僧大德

明代以来，藏传佛教在土族地区广泛传播的同时，土族人民入寺为僧者不断增多，到清代时陆续涌现出一世松布、二世土观、三世章嘉、三世却藏、五世王佛等许多高僧大德。他们不仅在佛学方面有很深的造诣，有大量的宗教经典著作存世，而且在清朝经营广大蒙藏地区的过程中，积极奔走联络，为连接和加强中央与蒙藏地区的关系做出了重要贡献，其中在清初发挥重要的政治作用而拥有政教两方面显赫地位的是二世土观和三世章嘉。

二世土观——康熙雍正均赐“净修禅师”

二世土观本名阿旺却吉嘉措，清康熙十九年（1680年）出生于青海省互助县东山乡岔尔沟一土族家庭。由于传言他能回忆起自己前生情况和前代土观的事迹，遂由佑宁寺认定为该寺一世土观活佛罗沙拉丹的转世灵童，迎入寺内坐床，并以章嘉·阿旺罗桑却丹为师，学经于佑宁寺。年龄稍长后，赴西藏入哲蚌寺郭莽扎仓深造，拜第一世嘉木祥活佛阿旺宗哲（1648—1721）为师，系统学习佛典，同时师从当时的许多名僧，受多种密法灌顶，学习了多种修法秘诀及藏文修辞学、医药医疗知识。在藏学习圆满后，由五世班禅罗桑益希授给比丘戒。后在嘉色活佛的举荐下于康熙四十三年（1704）就任佑宁寺第24任法台，主持全寺政教事务，多有建树。康熙四十九年（1710），他和章嘉、嘉木祥活佛共同建成佑宁寺密宗学院，从而使该寺成为青海湟水以北地区最大的显密双修的格鲁派寺院。在他任职的8年期间，佑宁寺寺规严明，学风蔚然，是最兴旺的时期之一。

明清之际，藏传佛教在土族地区广泛传播，土族人民普遍信仰藏传佛教，有许多人入寺为僧（图/《河湟藏珍》）

康熙五十四年（1715），二世土观被召入京，获封“呼图克图净修禅师”名号，驻锡东黄寺，成为驻京呼图克图。此后，二世土观与皇室关系密切，清廷处理藏区民族宗教问题时，经常向他咨询意见。康熙五十九年（1720），康熙皇帝正式册封从理塘移居塔尔寺的噶桑嘉措为第七世达赖喇嘛后，在派兵护送入藏的同时，还派遣二世土观为信使，以甘珠尔瓦大喇嘛罗桑楚臣为副使，护送七世达赖入藏。9月抵达拉萨后，在布达拉宫举行了坐床仪式。不久，二世土观向五世班禅颁送圣旨，使一度处于动荡的西藏局势渐趋平静。之后，二世土观在西藏居留两年多，朝拜前后藏各大寺院，讲经于各大寺，从七世达赖的经师阿旺却丹等高僧学习密法。罗卜藏丹津反清事件发生后，三世章嘉被护送至北京，二世土观奉命负责照料其生活起居，并一直是三世章嘉在京时的主要经师。此后，在二世土观与三世章嘉的积极斡旋下，清廷准许

重建罗卜藏丹津事件中受株连被毁的佑宁寺、广惠寺，并从御库拨给大量修建经费。二世土观还专门负责佑宁寺密宗经院的重建，进一步完善了密修规制，使佑宁寺学修制度很快得到恢复。雍正五年（1727），西藏发生噶伦之间的内讧后，二世土观为清朝决策提出了积极建议，作出贡献。二世土观驻京期间，与蒙藏僧俗上层广结法缘，联系密切，与蒙古地方著名活佛上师均过从甚密。当时内蒙古49旗、察哈尔8旗、喀尔喀7部的王、贝勒、贝子、公等几乎全是其信徒。

二世土观与雍正关系极为密切。雍正八年（1730）八月，京师地震，雍正皇帝恐惧心慌，一直与土观同居一室，并云"有汝在侧，朕觉安稳"。夏日炎热，雍正帝让他移居御花园避暑，随时请教佛法。雍正十二年（1734年）阴历四月，雍正皇帝授予他"净修禅师"名号，并赐印信及汉满藏三种文字合璧的敕书一道，并在敕书中称赞他"秉性和善，梵行精纯，通晓佛典，教证圆满"，为清廷"效力多年，任劳任怨""弘扬佛法，不遗余力"。据说这是清朝格鲁派喇嘛中第一个得到禅师封号者。乾隆元年（1736），二世土观回到佑宁寺后，于同年农历二月五日圆寂，享年57岁。

二世土观参与重建的佑宁寺，至今依然香火旺盛，信徒众多（图/保广元）

章嘉、土观、松布、却藏、王佛为佑宁寺的五大活佛

章嘉活佛因其第一世出生于张姓之家，原称张家活佛，后改章嘉活佛，至今共传七世，是清代掌管内蒙古等地藏传佛教格鲁派的最大活佛，与达赖、班禅和哲布尊丹巴并称为"黄教四圣"。土观活佛因其第一世出生在互助县五十镇的土官村，以其村名"土官"取佛号，后改为"土观"，共传十八世，前十世为追认活佛，现传八世。松布活佛因其第一世出生于松布部落，又称松巴活佛或松巴堪布，至今已转六世。却藏活佛是佑宁寺活佛和却藏寺、夏琼寺寺主，共转十二世，前六世为追认活佛。王佛活佛因其第一世出生于王姓人家，后世又称王嘉活佛。在清代时，土观、章嘉、松布、却藏、王佛均受封为呼图克图，特别是章嘉和土观是驻京呼图克图，拥有很高的政教地位。

与乾隆坐同一个座垫的三世章嘉

三世章嘉进京，与乾隆同学习

三世章嘉全称章嘉·若贝多杰，又名益西丹贝仲美，也称也摄丹丕麦钟，意为智慧教法明灯。康熙五十六年（1717）正月十五出生在甘肃凉州西莲花寺附近一户土族家庭。两岁时由班禅额尔德尼等活佛认定为二世章嘉活佛的转世身，不久即被迎入青海佑宁寺供养。清雍正二年（1724），清军在攻打积极响应罗卜藏丹津反清的佑宁寺时，雍正皇帝命令抚远大将军年羹尧注意保护三世章嘉并护送其进京。三世章嘉到京后，先驻锡于旃檀寺，后奉诏移住嵩祝寺。不久，雍正皇帝又让他与皇四子弘历（即乾隆皇帝）一起读书学习。雍正十二年（1734），雍正皇帝正式册封三世章嘉为"灌顶普善广慈大国师"，并赐金册金印，成为掌教喇嘛。乾隆皇帝继位后，下诏由三世章嘉掌管京师喇嘛事务，赐给"管理京师寺庙喇嘛札萨克达喇嘛"印一颗。乾隆十六年（1751），颁发给"振兴黄教大慈大国师"印，并下谕说："尔可依照前世，主持黄教。"六世班禅进京后，乾隆皇帝在太和殿宴请六世班禅，特许班禅乘轿至殿前第三层台阶，三世章嘉可乘至第二层台阶。乾隆四十六年（1781），乾隆皇帝与三世章嘉一起上五台山，在菩萨顶举行祈愿法会时，乾隆让三世章嘉与他同坐一个座垫，并说："与章嘉呼图克图同坐在朕之座位上，朕便觉安乐。"乾隆五十一年（1786），钦定驻京喇嘛班次时，章嘉活佛为左翼头班，地位最高。清廷的极力尊崇，引起了京城百姓的信服，每当三世章嘉出入紫禁城东华门时，士民争相将手帕铺在车轮前，希望车轮压过，以赐吉祥。

学通番汉，协理政务

三世章嘉学通番汉，知识渊博，而且精明能干，在协助清廷处理蒙藏民族关系、推动宗教文化发展等方面做出了巨大贡献。早在雍正十二年（1734），雍正皇帝曾让年仅十八岁的三世章嘉与果毅亲王一起前往四

三世章嘉主持修建的北京颐和园万寿山喇嘛教寺院（图/视觉中国）

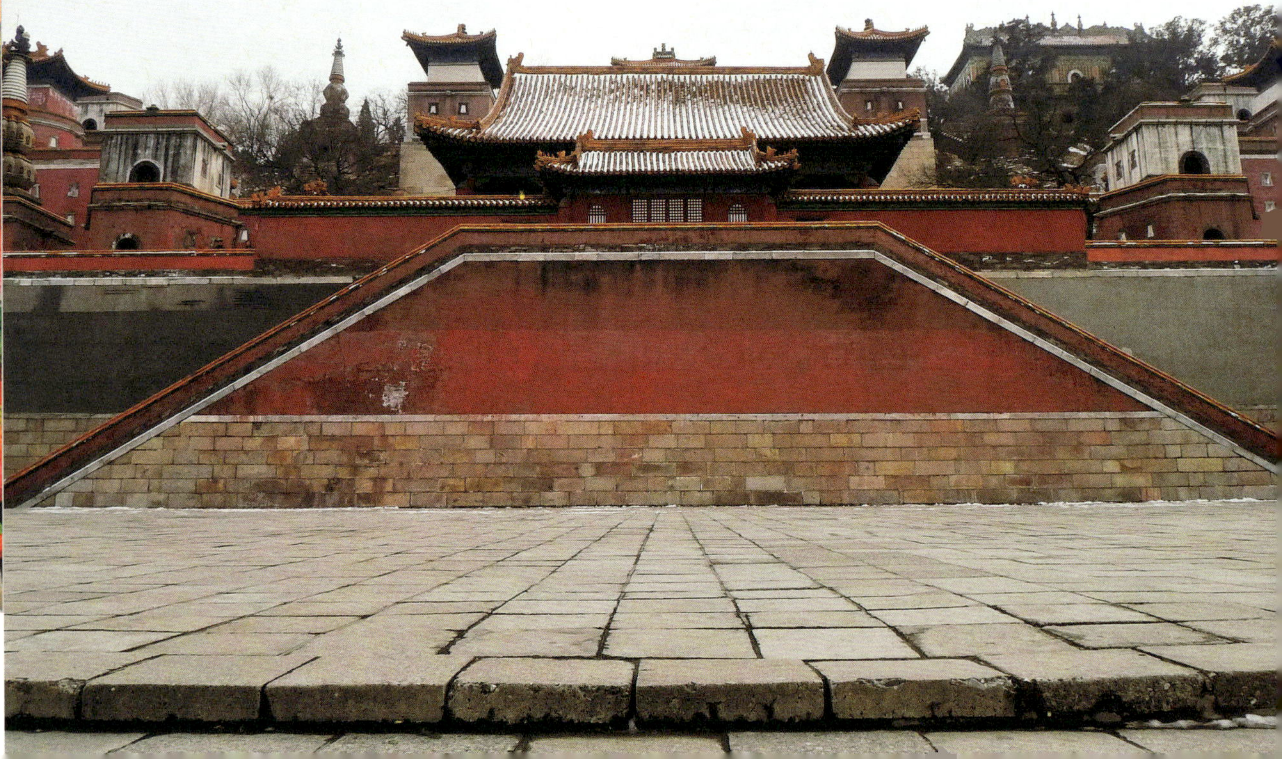

土族地区的山间河畔，随处可见寺庙和白塔（图/保广元）

川泰宁迎接七世达赖。乾隆皇帝继位后，三世章嘉作为乾隆帝处理蒙藏关系的重要参谋和助手，为清朝稳定蒙藏地区出谋划策，做出了积极贡献。乾隆十五年（1750），西藏发生郡王珠儿默特那木札勒之乱，驻藏大臣被杀。乾隆皇帝大怒，在乱平之后决定在西藏设立汉式官制，设置总督，驻扎重兵，并在西藏各地设置道、府、州、县，一切事务由汉官处理，废除藏官权力。三世章嘉认为这种做法不适宜于西藏地方，因此犯颜直谏，长跪不起。在他的劝谏下，乾隆皇帝收回成命，将西藏地方的权力交给了达赖喇嘛，由达赖喇嘛和驻藏大臣共同执掌西藏事务，从此成为定制，对后来西藏地方的稳定和中央的管理起到了重要作用。此后，在八世达赖灵童、三世哲布尊丹巴转世等问题上，章嘉提出的较为合理妥当的处理意见，使事态得到及时处理，收效很好。在乾隆皇帝和清廷的大力支持下，三世章嘉先后在北京、热河等地主持修建了万寿山喇嘛教寺院、妙应寺、资福院、普渡寺、正觉寺、梵番寺、功德寺、永漠寺、隆福寺、布达拉寺等许多藏传佛教寺院，并订立管理规则。至今保存下来的著名佛寺如雍和宫、普宁寺、普陀宗乘之庙、须弥福寿寺等，也与三世章嘉有着密切关系。此外，罗卜藏丹津反清事件后，湟水流域许多藏传佛教寺院被清军焚毁。三世章嘉不仅多次奉旨来青海代表清廷安抚各大寺院，而且在清廷中多方斡旋，让大部分被毁寺院陆续得以修复，使青海东部地区的藏传佛教重新兴盛起来。

学识渊博，著译甚丰

三世章嘉学识渊博、文笔优美，一生著述甚丰，著有《教派建立论》《正字贤者之源》《七世达赖噶桑嘉措传》《噶丹赤钦·阿旺却丹传》《甚深中观修习明炬》《入中论注疏》《密集圆满次第指导》等170多种，许多著作被蒙藏喇嘛奉为圭臬。此外，三世章嘉应清朝皇帝的请求，先后主持翻译编纂了大量佛教典籍，其中最值得称赞的是对藏文大藏经的翻译整理。早在康熙年间，二世章嘉就已从事汉藏文大藏经的整理工作，并将部分藏文《甘珠尔》译成蒙文。乾隆三年（1738），乾隆皇帝命三世章嘉主持蒙译全本《丹珠尔》，并将所有诠释佛语的论疏翻译成蒙文。三世章嘉先将名词术语的译法划一汇集，编成了蒙藏文对照的《正字贤者之源》，并刊印流行。从乾隆六年（1741）十月开始翻译，次年十一月全部译完。乾隆皇帝命内府刻印，散布蒙

三世章嘉

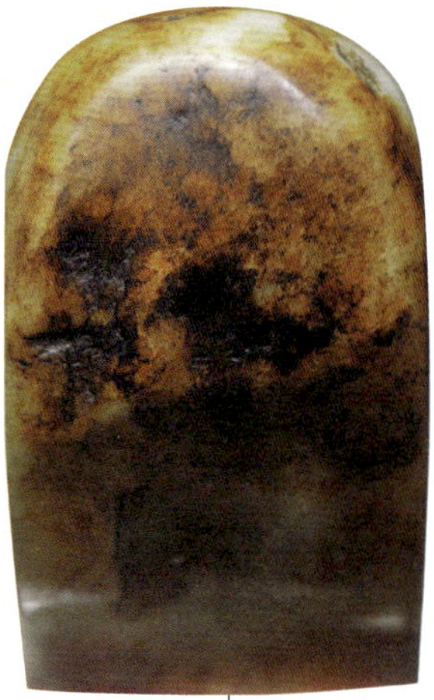

三世章嘉国师印（图/视觉中国）

古各地。乾隆三十六年（1771）以后，三世章嘉又奉命组织人力将藏文大藏经《甘珠尔》的一部分以及藏、汉文论疏注释翻译为满文，供满族僧人使用。三世章嘉翻译编纂佛教典籍活动，对于保留汉藏文化经典，加强我国各民族文化间的交流，具有十分积极的意义。

乾隆五十一年（1786）四月，三世章嘉圆寂于五台山。乾隆皇帝伤心地说：“章嘉呼图克图掌印多年，阐扬黄教，安抚众生，留心经律，……朕心深为悼惜。”下诏用7000两黄金造金塔一座，永于五台山镇海寺供设，并于前、后藏施银1500两做超度法事。

朱海山——既是高僧，又是教育先驱

出家为僧遍访名寺，还俗为官致力教育

朱海山（1894—1980），名福南，以字行，乳名天赐录，僧名锁南拉吉，俗称“朱喇嘛”。青海民和县官亭结隆庄人。祖父曾是青海塔尔寺名僧。九岁时入朱家寺为僧，后转入塔尔寺，在祖父的严厉管教下，诵习佛经，对佛教理论有比较深的造诣。1912年后至西藏游学讲经，遍访拉萨三大寺和扎什伦布寺名僧。在拉萨拜喜饶嘉措为师，又经喜饶嘉措介绍，跟随九世班禅，得到班禅赏识，担任班禅驻北京办事处科长。1928年，班禅在南京设立办事处，朱海山任办事处处长，兼任南京国民政府蒙藏委员会委员及藏事处处长等职。由于工作需要，朱海山还俗，结识了国民政府考试院院长戴传贤、蒙藏委员会委员长马福祥等要员，私交甚笃，其政治影响和活动范围扩及青海、西藏等地。在戴传贤、马福祥和九世班禅等人的支持下，朱海山为青海及西北的文化教育事业做了大量富有成效的工作。

鼓励边区学子赴内地深造
多方募集在西宁开设学校

1927年，朱海山积极鼓励西宁等边区学校毕业生到内地求学深造，并以九世班禅的名义，保送了一批青海籍学生进入山西法政专科学校、山西航空学校、北平无线电专科学校、北平师范学校等学校读书。1930年10月，在朱海山游说呼吁下，蒋介石批准在中央政治学校附设蒙藏班，招收来南京求学的青海籍学员。1933年6月，由朱海山提议，在九世班禅、戴传贤诸人支持下，蒙藏班扩大为蒙藏学校，专门招收青海、绥远、西康等地的学生，之后便成定例。此后，朱海山说服马福祥、戴传贤和九世班禅，以发展边疆教育事业为宗旨，倡议在西宁、康定、包头、酒泉等地筹设中央政治学校的分校。1934年9月，南京国民政府通过这项倡议，

为纪念朱海山先生而建的三川科技文化中心（图/邓西银）

朱海山先生着僧装的旧照片（供图/鄂崇荣）

10月，西宁分校正式成立。1934年，朱海山回乡探亲，目睹官亭地区的三所村塾无固定校址，且时开时关，儿童求学困难，遂决意办一所正规学校。在他的倡议下，成立了官亭地区学校修建委员会，并以私谊请民和县长出壮丁一千余人修建学校，历时三个月，建成教室、教师宿舍二十多间，成立了官亭小学，招收学生120余名。1936年，他捐资银币1000多元，动员官亭附近的各乡集资修建了官亭、中川、美田、镇边、虎狼城、赵木川等六处初级小学。不久，又倡议创办了官亭女子小学。经过他多方活动，1937年，官亭学校改为中央政治学校西宁分校，直属官亭中心小学，六个初级小学隶附于中心小学，从而使学校经费充裕，师资力量雄厚，教育质量日见提高。1936年，中英庚款董事会准备在西北四省（陕西除外）范围内办一所规模较大的中学。朱海山向教育部长兼庚款董事长朱家骅说项，争取把学校修建到了西宁。学校建成后，定名为湟川中学，后来这所中学便成为西北著名的重点中学。同年，朱海山又募捐创办官亭图书馆，并从南京、上海、北京等地购置了《四部备要》《二十四史》《万有文库》等成套书籍以及其他书报、碑帖、佛教典籍等，充实了图书馆。朱海山还在家乡发动群众运动，宣传妇女解放，禁止妇女缠足，反对吸食鸦片、赌博，促进了民和地区风俗的好转。

1937年前后，九世班禅在南京国民政府授意下回到塔尔寺，准备返藏，并组成了西陲宣化使公署，朱海山被任命为公署副秘书长。因朱海山在公署任用了一批青海人士，引起部分西藏人的嫉恨，他们在班禅面前挑拨离间，致九世班禅对朱海山日趋疏远。不久，九世班禅病逝，这些人乘机对他发难。1938年后，朱海山辞去一切职务，再次削发为僧。1945年离开塔尔寺云游青海诸大寺院。次年隐居于湟中县扎麻隆北边的一个小寺中。1947年，朱海山离开青海经香港转往印度安度晚年。之后的三十多年中，他漫游于印度、尼泊尔等地，1980年圆寂于尼泊尔南部提罗拉科特附近的边毗罗卫，享年86岁。

撰稿专家

张生寅，土族，青海省社会科学院文史研究所研究员，所长。主要从事青海区域历史文化研究，合作或主持撰写《青海通史》《明代以来黄河上游生态环境与社会变迁史研究》《中华民族全书·中国土族》等著作11部，在核心期刊上发表学术论文40余篇。

《中国土族》

扫描二维码，
阅读专家代表著作的电子版

佑宁寺法会(图/王玫)

第3章

丰富多元的精神世界

宗教

本章主撰稿人：青海省社会科学院研究员　鄂崇荣

土族民间文化和精神世界中充满了多元宗教文化的因子和多种神灵。宗教活动渗透到土族人民生活的方方面面，并且不拘一种，既有原始宗教萨满遗风，也有遍布河湟的佛教寺庙，既以天地日月为崇拜对象，道教胜迹亦不鲜见，而尤以各式民间信仰活动最具本地特色。各种宗教元素也常常混合出现在宗教活动中，并行不悖，例如萨满法师前往藏传佛教的寺庙请家神，佛教僧侣参与民间信仰敖包祭祀等等，无处不体现着土族人民宗教生活的丰富多元。

土族民众在长期的社会生产和生活实践中，形成和发展了具有民族和地方特色的民间信仰，保留了因其先民与动植物的密切关系而形成图腾崇拜的遗风，由敬畏天、地、日、月、山、川、动植物等自然万物而形成自然崇拜，由灵魂信仰而形成祖先崇拜，但最能体现其民间信仰文化特色的是那些遍布村寨、种类繁多、具有浓郁地域色彩的地方性神灵。这些民间神祇，根基深厚，意象纷繁，其规模和影响远远超过制度化传统宗教。这些地方性神灵信仰作为信仰体系的组成部分，既有民族性，也有地方性。众多神灵描述及传说，往往折射出历史的脉络，反映着传统文化和群体心理素质，既有哲学意念，也有社会的物化效应。土族民间信仰除了满足当地民众的个人心理需要之外，还表现出个人与社会的不可分割性。土族民间信仰是土族民间文化的重要组成部分，因此可以说要了解土族民间文化就必须研究土族民间信仰。

游牧先民的遗产——萨满

法拉与法师是土族萨满的传承者

北方民族共有的原始宗教

萨满教相信宇宙万物有灵，灵魂不灭，崇拜自然，是北方民族共同信奉的自然的、多神的原始宗教。身为游牧民族的土族先民吐谷浑人与漠北匈奴、鲜卑等北方游牧民族一样具有萨满信仰，从事巫术活动。然而随着土族地区历史发展、社会进步、文化变迁，以及历史上受到佛、儒、道传统文化的影响，特别是藏传佛教格鲁派的强力渗透，当下土族的萨满教信仰现象已失去了浓厚的原生态特色，只碎片化地遗留在土族民间神职人员法拉、法师传承和少数神话传说以及祭天等祭祀仪式中。

法拉、法师等土族民间神职人员是土族萨满文化的传承者、传播者和改造者，在土族民间具有一定的社会地位。历史上他们有可能为一体，后来进行了分离。他们在土族村落和家庭举行的各种祈神、祭神仪式中扮演着不同的角色，发挥着重要的作用。

下图：法拉正在进行仪式前的装扮（图/胡芳）
右图：法拉作法时使用的钢鞭（图/鄂崇荣）

法拉——民间信仰仪式的执行者

法拉是一种男巫，与北方民族萨满类似，可以通过昏迷术成为神的替身，以神的身份说话行事。法拉平时从事农牧业生产，无直接传承制度。一般当法拉不是出于自己的意愿，而是由于某个神灵的挑选，如果选中者拒绝当法拉，该人家中就会不太平。土族群众普遍认为法拉是人神之间的中介人，因此对其非常崇拜。他们跳神的活动被称为“发神”，即在神灵附体后传达神灵的旨意。法拉通常是土族民间信仰仪式的执行者，人们认为他的力量来自与超自然力的直接交往，即通过神灵的附体，而不是来自继承权或熟记的仪式。土族法拉，如果不愿发神时，将女性腰带等物品带在身上就可以奏效。

互助地区土族将类似法拉的人称为“什典增”，俗

上图：时年 78 岁的法师文登发（图 / 邢海珍）
右图：法师作法时手持的羊皮鼓（图/鄂崇荣）

称“耍佛爷的人”，他不脱离生产劳动，无直接传承机制。一个正式“什典增”被认为是属神灵附体者，需举行赞坛仪式，其合法地位才被予以承认。“什典增”是人神之间的中介，显神时怀抱神箭，众人煨桑、祈祷、念经、磕头，请命人详告原由，询问吉凶，请神明谕。如神箭回答“是”，则神箭“琅琅”作响；如答“否”，神箭将静止不动。据一些土族老人介绍，以前一些“什典增”为了显示神威和灵验，常以吞刀、剑刺自己或病人的胸口，甚至下油锅、火烧铁链缠身等魔法惑人，驱鬼镇邪。

法师——男扮女装娱人神

法师则是集唱、舞、乐于一体的带有宗教色彩的民间艺人。无论老少，表演时除脸部不化妆外，须男扮女装，穿戴头饰，脚穿绣花鞋，身着绣花坎肩，腰系绣花裙，头束寸宽红布带，两鬓有时还要插花。民间认为法师与道士念的经一样，但法师与神佛打交道，道士与亡人打交道。在互助土族地区称法师为“完善”，同时也将庙会中领头的法师称为“完善”，民和地区称法师为“延善”。

法师祖传世授或师徒传承，平时在家务农或出外打工，在举行“勃”仪式期间奔走在属于他们跳“勃”的每个村寨。法师跳“勃”时使用的工具是羊皮鼓，土族语译音“肯格嘎”。羊皮鼓由钢圈圈成直径约35厘米的单面鼓，鼓面用羊皮绷成，手柄由三环互套的九个小铁环组成，表示下有三皇，上有九天，又称“三皇鼓”。法师在各种神轿前跳“勃”时，或边敲羊皮鼓边讲故事，或敲鼓唱诵，旋转舞蹈，并做鸭子舞、打车轮、倒立行走等，吸引群众争相观看。有时，还跳到桌子上表演简单的戏法和“扎口钎”，引起观众的惊叹和敬畏。许多法师不仅熟知设坛祈雨、挡冰雹、跳神舞等民间信仰活动，而且掌握一些易经八卦、风水占卜等知识，参与村民选宅基地、择吉日、除病驱邪、回土、压煞、安神、保平安等事务。少数法师还懂一些医术和秘方，如脱臼正骨、针灸推拿等等。

藏传佛教的强力渗透

河湟之地遍布佛教寺庙

土乡佛光

土族先民吐谷浑迁徙到青藏高原以后，到南北朝时期，佛教兴盛。吐谷浑王慕利延在位（436—452）的后期，佛教自西域与中原同时传入了吐谷浑。后随着吐蕃势力的东进，藏传佛教逐渐传入，被吐蕃征服的羌人、吐谷浑人也先后皈依藏传佛教。许多史料记载，9世纪中叶，吐蕃赞普朗达玛灭佛，卫藏僧人纷纷逃亡安多地区，藏传佛教在土族地区得以盛行。西藏曲卧日山修行的藏僧玛·释迦牟尼、藏·饶赛、肴格迥等人曾携经典逃到今互助土族自治县红崖子沟口的湟水北岸半崖上居住，向当地各族群众传教讲法。此后西藏的佛教后弘鼻祖喇钦·贡巴饶赛晚年到此地传教说法并在此圆寂，弟子们将其肉身供奉于石窟中，并和当地群众一道依红崖修建了寺庙，这便是青海境内最古老的藏传佛教寺院白马寺。

上图：白马寺佛像（图／鄂崇荣）

下图：土族人家的老黄烟筒袋上都绘有佛教吉祥图案（图/胡芳）

元朝时，盛极一时的藏传佛教萨迦派首先传入土族地区，并在今天离大庄20千米处的五十乡修建了一座萨迦派小寺院，即佑宁寺前身。明永乐年间，宗喀巴应明廷之请，派弟子释迦也失（1352—1435）替他去北京。释迦也失曾两次赴京，被册封为“大慈法王”“西天佛子大国师”，去京途经今青海省民和回族土族自治县马营地区，传播格鲁派教法并修建了灵藏寺。弘化寺初由释迦也失第二次去京时途经今转导地区授记建寺，并加持地基，由其弟子释迦崔臣建一小寺。明宣德十年（1435）十月，释迦也失在京去世，其遗体后被运回，修建灵塔供奉并发展成后来的弘化寺。这些寺院是格鲁派在土族地区修建较早的寺院。河州等地出现了“喇嘛最多，寺庙最盛，族之大家，必有佛寺”的景象。可见，自明朝以来藏传佛教格鲁派不仅在土族地区得以迅速传播，而且在明朝中央政府的直接支持下，逐渐凌驾于萨迦、宁玛、噶举等诸派之上。目前，青海、甘肃的土

族地区约有100多座藏传佛教寺院，较著名的有青海互助土族自治县的佑宁寺、华严寺、白马寺、却藏寺、天门寺、松番寺、广福寺等，民和回族土族自治县的弘化寺、卡地喀寺、文家寺、朱家寺等，大通回族土族自治县的广惠寺、会宁寺等，黄南藏族自治州同仁县的年都乎寺、吾屯上寺、吾屯下寺等，甘肃天祝藏族自治县的天堂寺、石门寺、西大寺等，甘南藏族自治州卓尼县的勺哇寺等。其中，佑宁寺是土族地区最大的寺院，曾被誉为“湟北（青海湟水以北地区）诸寺之母”，辖大小属寺49座，今青海互助、大通、乐都和甘肃天祝一带的寺院大都为佑宁寺的分支属寺。

湟北诸寺之母
——藏传佛教名寺佑宁寺

佑宁寺，藏语称“郭隆强巴林”，意为“郭隆弥勒洲”，简称“郭隆寺”。位于互助县城东南35千米处，在今五十镇东北6千米的寺滩村。佑宁寺建于明万历三十二年（1604）。据说明嘉靖年间，三世达赖索南嘉措由西藏前往蒙古，途经今互助佑宁寺所在地时，天空雷鸣闪电，顷刻间大雨倾盆，很快，雨霁云散，天上闪出一道七色彩虹。三世达赖认为这是吉祥之兆，于是对前来觐见的人们说，等他返回时，要在这里修寺以谢神恩。然而，三世达赖圆寂于蒙古地区，修寺的夙愿没能实现。万历三十年（1602），四世达赖云丹嘉措自内蒙古入藏坐床，途经此地。当地的扎的、浪加、阿加、火日、华仁、觉查、塞查等十三部落头人以三世达赖授记为由，请求四世达赖建寺，年底派代表入藏再请。次年，四世班禅罗桑却吉坚赞和四世达赖派西藏达波扎仓寺住持第七世嘉色活佛端悦却吉嘉措来安多。万历三十二年（1604），嘉色在一世松布丹曲嘉措的协助下破土动工，当年建成嘉色寝宫、经堂及部分僧舍，并建成显宗学院，后由拉卜楞寺寺主嘉木祥活佛建成密宗学院，遂成为显密双修的格鲁派大寺。此后，郭隆寺受到漠西蒙

佑宁寺正月祈愿大法会（图/王玫）

山岚缥缈，油菜金黄，佑宁寺庄严（图/王玫）

羌姆舞中的黑帽舞。一般在最后出场，表演者都是有资历的僧人，头戴大黑帽，身穿宽袖大长袍，舞姿以跳、转、蹲为主，展示一种神秘力量，预示佛法功德圆满（图/王玫）

古和硕特部首领固始汗等地方势力的支持，不断扩建。清顺治四年（1647），四世班禅、五世达赖和固始汗联合签发寺产执照。康熙年间，郭隆寺有大小经堂、僧舍、囊欠等2000多个院落，僧侣7000多人，设有显宗、密宗、时轮、医明四大学院，规模非凡。雍正二年（1724），因部分寺僧参与罗卜藏丹津反清事件，寺院被清军烧毁。后因驻京章嘉、土观活佛再三恳求，雍正帝于雍正十年（1732）敕令重修，并赐额"佑宁寺"，重修后寺院规模远不及前。同治五年（1866），该寺再经兵燹，珍贵藏经被焚，文物损失严重。不久，六世土观罗桑雪珠囊秀奉清廷之命予以重建。以后佑宁寺又不断得到修葺。20世纪60年代，寺院大部被拆毁，今天看到的佑宁寺建筑大部分为改革开放后所新建。

宁绝嗣而愿令出家——名扬河湟的三川巴

明清以来，随着藏传佛教在青海地区的不断传播，土族地区兴建了多座藏传佛教寺院，许多土族子弟进入寺院学习。据乾隆年间成书的《西宁府新志》记载："番、土人有二子必命一子为僧，且有宁绝嗣而愿令出家者。"在这种风气的影响下，不仅青海东部地区的许多寺院中有很多土族僧人，而且西藏拉萨的色拉寺、哲蚌寺以及蒙古地区的一些寺院中，也有不少土族僧人修习弘法。今青海民和回族土族自治县的三川地区，很早以来就是土族聚居的地区，伴随着藏传佛教在三川地区的传播，这一地区的土族子弟入寺为僧者日渐增多，特别是久负盛名的塔尔寺中，有许多来自今民和三川地区的土族僧人，被人们称为三川巴，据说最多时有五六百人。据《塔尔寺志》等记载，清中后期以来，三川土族僧人在塔尔寺形成不少活佛系统，有杨家、朱家、王家、白家、鲍家等，多出任密宗学院、医学院、时轮院法座导师，其中不乏高僧大德。而塔尔寺艺术珍品酥油花制作者中，也有相当一部分为三川土族僧人。

（文/张生寅）

佑宁寺寺主为嘉色活佛，常驻西藏，全寺的行政、教务由总法台总理。佑宁寺自明万历年间创建至清末，先后有30多位活佛，有的后来分寺另居，有的清同治以后未再转世。1958年前，该寺主要有"五大囊活佛"和"九小囊活佛"，其中土观、章嘉、松布、却藏、王佛等五大囊活佛，清代封为呼图克图，尤其章嘉活佛是青海驻京呼图克图首领，封为大国师，与达赖、班禅和哲布尊丹巴并称为"黄教四圣"。历史上该寺以规模大、历史长、名僧多而驰名于甘青地区。它在历史上的规模、影响曾一度超过塔尔寺，加之章嘉等五大活佛的宗教地位甚高，属寺众多，因此曾被誉为"湟北诸寺院之母"。1949年前，该寺管辖的寺院共有49处，这些寺院分布在甘青蒙等地区。佑宁寺每年举行的法会有正月祈愿法会、四月的释迦牟尼诞辰会、六月法会以及腊月举行的骡子天王经会等。

道教随西迁的汉族进入土族地区

道教神灵广布于土族日常生活中

道佛合璧，兼糅萨满

道教是中国本土宗教。明初，随着汉族大量涌入土族地区，道教信仰大量传入，加上明代地方统治上层大力扶持道教，促使土族民间广泛信仰道教。道教传入土族地区后，不断发展，而且具有新的特点，即道中有佛，道佛合璧，甚至某些萨满教的内容也掺杂在道教之中。许多土族地区的地域保护神和村落保护神多来自道教神灵。土族民间神职人员阴阳师，与道教信仰密切相关。此外，土族民众广泛信仰的灶神、财神、门神，也都深受道教影响。

土族地区的道教法师称为阴阳师，简称阴阳。与汉族地区的阴阳师相同，许多土族村落都有本村落的阴阳，一般为家传和拜师传承。土族地区阴阳师的法术与知识最早也是从汉族地区学来的，如1940年前，民和县中川乡有一位有名的阴阳，就是在茅山修道的。民间传说他的法术高强。

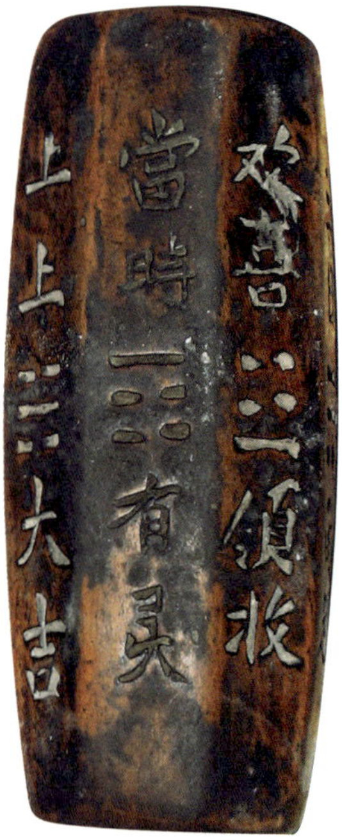

阴阳师占卜的法器卦筒，呈八棱柱，每一面有一卦象，根据占卜时呈现的卦象预测吉凶（图/鄂崇荣）

保梁安宅有阴阳

阴阳的主要职能是给人合婚、算卦、看日子。民和地区土族村民结婚、安葬、建宅都要请阴阳选择日子。如谁家有结婚喜事时，无论是新郎新娘拜天地的方向，或是新娘出娘家门、进婆家门时现场应躲避的属相，都由阴阳来推算；修建新房时要请阴阳先生看日子，在上梁时，把一块红绸用麻绳缠扎在大梁上，称之为“保梁”。红绸须自家准备，阴阳先生在红绸上写字画符，建房的人家则要付给他一定的报酬。

土族习惯在自己的地界做法术保证一村的安宁。民和土族现在仍在使用的法术有“雷台”和“插牌子”。“插牌子”要请阴阳先生，人们把他画的符和五谷、茶、棉花、羊毛等物埋在地下，上面垒成土堆，再插上十字形的草把和阴阳先生写的敕令某神把守地界的木牌。人们相信它能保佑庄稼和地方。人死时，也要请阴阳先生来开“殃榜”（亦称阴状），请阴阳先生念经。

在上梁时，把一块红绸用麻绳缠扎在大梁上，称之为“保梁”（图/鄂崇荣）

土族地区著名道观——五峰寺

五峰寺位于互助土族自治县西北的五峰乡境内，距县城约15千米，因附近山峰林立，状如五指而得名。五峰寺始建于明朝崇祯十五年（1642），属于道观，是中国古典式庙宇建筑，清朝时就被称为“湟中八景”之一，现在仍然是青海省有名的旅游风景区，是互助县4A级土族故土园五大景区之一。五峰寺现有建筑均系1978年后陆续修建的，有菩萨殿、无量庙、八卦亭、玉皇庙、三清宫、黑虎洞、澄华泉、西牌楼、六角亭、香公楼等。它于1986年5月27日被列为青海省文物保护单位。

五峰寺翠峰青峦、雾披云裹，泉水潺潺、风景十分优美，山间泉水汩汩流淌，四季不断，澄澄清亮，碧蓝如玉。每年六月六日五峰寺举行传统朝山庙会，土、汉、藏等族民众身着节日盛装纷纷加入，常以香花祭泉，争先恐后汲水畅饮，并举行声势浩大的花儿赛歌会，歌声从一大早一直唱到夕阳落山才结束。

坐落于幽静山间的道观五峰寺（图／祁文汝）

有村便有庙，有庙便有神

无处不在的土族民间信仰

在每个土族村落通往外界的交通要道或村落高处都建有一座村庙，每座村庙内都供奉着一两个村寨保护神（如二郎神、龙王、九天玄女、四郎爷等）。当地村民普遍认为这些神祇能保佑本村人畜平安、消灾赐福，经常举行一些酬神献祭的宗教性仪式。此外，当地村民还普遍在家中供奉家神（如白马天将、羊头护法、牛头护法等）、灶神、福禄寿三星、门神等。

三川总神二郎神

二郎神信仰在民和三川土族地区非常普遍，在当地群众心目中是三川最高一级的神。各村供奉的庙神，其威力要在二郎神之下，故有些人称二郎神为“三川的总神”。当地土族群众普遍尊称其为“河州帝帝”。“帝帝”系土族语音译，意为“爷爷”。民和土族对个别神灵的尊称多以“帝帝”为后缀。土族村庙供奉的二郎神

三川二郎神庙（图 / 鄂崇荣）

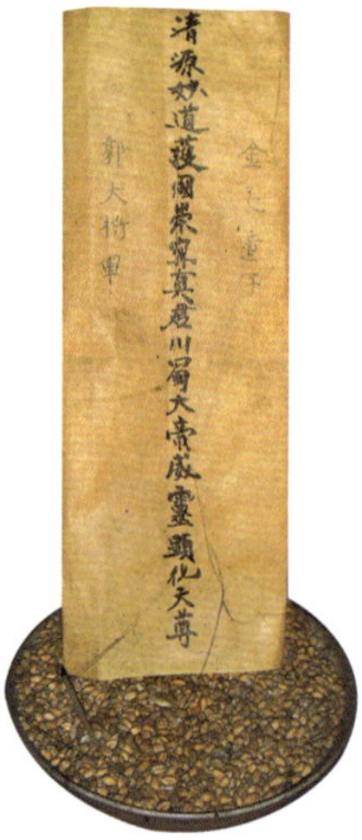

左图：供奉于村庙中的二郎神像（图 / 胡芳）
右图：鄂家村村庙中供奉的二郎神神位（图 / 胡芳）

塑像是一尊用柏木雕刻后用泥贴塑的木雕泥塑像，高80厘米左右，头戴明代样式王冠，周身用几层绸缎裹定，怀抱一个写有“清源妙道护国崇宁真君川蜀大帝威灵显化天尊”牌位。二郎神在土族群众中具有很重要的位置，据说当地民众日常生活中如遇到灾难，只要呼二郎神就可得到救助。还说旧时去海南、循化地区顺黄河放木头的三川土族水手们，每逢河中遇到险情，只要是呼二郎神求救便可化险为夷，灵验得很。现在土族民众在面临人生重大选择或外出务工、考学就业等诸多人生大事时，虔诚的信徒都要向二郎神祈求许愿，还愿时间一般在土族纳顿节期间，还愿的方式多是以羊、鸡为牲祭。

传说二郎神的祖庙在甘肃省积石山县四堡子乡朱家村。二郎神流传三川地区有两种传说：一是说三川

土族从河州偷来的；二是说清同治年间由从河州七河家逃难的汉族在慌忙之中放在三川赵木川郭家村，后被朱家村民供奉。社会安定后，朱家村村民认为七河家的群众会来索要，于是又重雕了一尊一模一样的二郎神像，想以新雕的神像替换原有的神像，但因没人来索要，便留下了两尊二郎神像。后来二郎神极其灵验，上下川土族人产生了供奉二郎神的愿望，但他们为供奉二郎庙的选址而激烈争论。后来三川知名人士朱海山巧妙地根据民众的这种愿望，并利用自身的威望，在中川乡吴张家村兴修二郎神总庙，供奉二郎神，并使二郎神正式统一为三川大部分区域的总神，并相应调整纳顿节时间，安排二郎总神依纳顿节时间到各庙巡游。1958年，二郎神总庙被毁。改革开放后，1985年，朱家村村民用檀香木雕刻了两尊二郎神神像，分别为坐神、走神。坐神二郎不四处巡游，走神二郎可四处巡游。民间一般认为朱家是婆家，而赵木川是娘家。二郎神作为重要的地方神，将不同的土族村落横向地联合起来，二郎神已成了土族地域认同的一个象征。

三川土族供奉的黑池龙王（图／胡芳）

三川土族村庙供奉的主要神祇

村 名	村庙中供奉的村落保护神
宋家	洪石宝山摩竭龙王
鄂家	洪石宝山摩竭龙王 娘娘爷和二郎爷牌位
桑卜拉	九天威方太乙圣母元君 韩宝山水草大王
杨家 文家 祁家	花果仙山水帘宝洞锁劫大帝
赵木川各村	摩竭龙王 积石岷山显圣通雨大王
鞑子庄	摩竭龙王（两个） 娘娘爷
芒拉 隆布 庙儿庄	娘娘爷 青石宝山河池龙王
木家寺	显圣大王
前河王家 聂家	黑池龙王 显圣大王
鲍家	四郎神 铁别帝帝
官亭赵家	二郎神
王家	黑池龙王 娘娘爷 二郎神
辛家	黑池龙王 娘娘爷
上马家	锁劫大帝 黑池龙王
下马家	锁劫大帝
台坑	摩竭龙王 积石岷山显圣通雨大王
王家坪 辛家 甘家	青石宝山河池龙王 显圣大王
前河喇家	黑池龙王 显圣大王
悟释村	娘娘爷 四郎神 九天圣母
巷道祁家	摩竭龙王（轿内两侧绘锁劫大帝、金龙大王像）
虎狼城	摩竭龙王 锁劫大帝
秦家	四郎神 秦五十八老倌
官亭余家	二郎神
朱家	二郎神 黑池龙王 显圣大王

三大龙王常供奉

神轿过顶(图/胡芳)
只在纳顿节、青苗会等特定的节日里,神像落座的神轿被抬出,人们争先从神轿下穿过,以获赐福

互助土族一些村落也供奉龙王,多为赤龙、黑龙、白龙。龙王一般身具人形,落座于神轿之内。神轿内均装有五色粮食、香料、经文等装藏物,神轿皆由松木制作,长、宽约为1.2米,高约1.6米,轿杆长4米左右。互助土族尊称龙王为“赤列桑”,对其信仰非常虔诚,一些龙王庙内常年香烟袅袅,各种相关的民间信仰活动频繁,散发着一股庄重而神秘的气息。如互助县东沟乡大庄村供奉的龙王中以赤龙为尊,村民尊称龙王为佛爷,村民遇到建房、务工、结婚等重大事宜时都要向龙王请示。三大龙王平时被供奉在大庄村村寺广福寺的木制神轿内,并被各种五彩绸布遮盖,其真实面目被禁止观看,只有在大年三十,广福寺的庙倌清扫龙王神轿时,人们才能一睹龙王的真面目。据传三个龙王面庞分别是黑脸、红脸、白脸,身穿明朝官服。每年农历六月十三、十四,分别是龙王的拜寿日和祭鄂博日。届时,人们会邀请敏珠儿、土观、松布、却藏、尼玛僧等活佛在龙王庙或龙王山上念经祭祀。

家家户户皆供神

许多学者将家族保护神称为家神,认为其与家庭成员的关系最为密切。家神的主要职责是保护家庭财产和家人平安,在某些场合还起着战神和财神的作用。如果主人与另一家结仇,家神会帮助主人使另一家主人进入迷魂状态而让其自我戕害,或使其一脚踏空,落入陷坑。据说家神是一种眼睛很小、力气不大的精灵,他可以搬来没有字的财物,却拿不动金银。他心眼很小,容易为一点小事而动怒,侍候家神主要是要保持清洁。土族民众普遍将家神称为“却康”,而藏语中的原意为“家中供奉的神堂”。“却康”一词在土语中借用和词意变化,反映了藏传佛教文化在不同地区的传播产生的文化变异。

家神的种类很多,大多数为藏传佛教中的护法神,据笔者调查:部分家神是家族中出家为僧的先祖(如太祖伯、叔等)请来的护法神,先祖过世后该护法神成为家神。据传,后人如不虔诚供养将导致该家族内是非不断,灾祸降临。因此,许多土族民众对家神的态度非常复

贴在门檐上的符帖,护佑家宅平安(图/鄂崇荣)

杂，当地盛传的这样一句话“为后人干坏就请家神，为后人干好就栽树”就说明了这点。绝大多数土族将家神作为家族保护神供奉在祖屋的上房或少有人进出的北房与西房中间的隔屋。多数家中供骡子天王，藏语称“贝丹拉莫”，在汉文佛经中译为“吉祥天女”。此外还有羊头护法、牛头护法、黑马祖师等家神。极少数土族人家中养有家鬼，土语叫“度蛊里”，据说养家鬼的人家原来是羌人。

广泛信仰的吉祥天女

吉祥天女，又称“吉祥天母”“功德天”“宝光天女”等，藏语称“班达拉姆”，土语称“勒姆桑”，是藏传佛教护法神体系中居首位的女性护法神，主司命运和财富。因其形象的重要标志是骑一头屁股上长有一只眼睛的骡子，所以在民间又被通称为骡子天王。吉祥天女的像多绣在唐卡上，其形象为头戴五头骷髅冠，面如蓝靛，双眼暴突，右边耳环为狮子，左边耳环为蛇，口中咬着夜叉，右手执两头饰以金刚的短棒，左手托脑盖骨，脐上画有太阳，骑一匹健骡，是一位形象可怖、法力高强的女神。吉祥天女不但是萨迦、噶举、格鲁诸派尊崇的本尊神，而且她还作为历代达赖喇嘛红黑护法神系统中的黑护法神和拉萨城的保护神，备受藏传佛教格鲁派的尊崇。吉祥天女在青藏高原影响深远，她不仅在各大藏传佛教寺院被广为供奉，而且在青藏高原汉族、藏族、土族、蒙古族等多民族民间信仰中也常作为家神、村落保护神、部落保护神或地方保护神而受到虔诚膜拜和精心供奉。

在互助土族村民求卜时，多以神箭代替吉祥天女，当吉祥天女下神谕时，附于手握神箭的“萨满”身上，以神箭的颤摇来回答求卜者的问题。当地村民遇到不顺之事，或看病祈祷，或婚丧嫁娶时看日子、合属相、给小孩取名字、给新庄廓看门相等，或整个村庄进行诸如“转山”“插牌”“安镇”以及求雨、挡雹灾等活动，都经常要通过“发神箭”来决定。

“切什羌”，是土族地区常供奉的神（图／胡芳）

其他土族家神

黑马祖师，土语叫“个尔尼帝帝”，意为“家里的爷爷”，是中川乡辛家、安家等一些家族供奉的家神。其像为条幅式的画，画中有一武将骑着黑马昂首站立，武将面目清秀，有三绺长须，披发过肩，身穿长袍，手持双刃利剑。马前有一武士打着狻猊战旗，马后有武士10人，皆穿盔甲，手持兵器。

羊头护法，土族称为“枯虏丹箭”神，据说原来是官亭悟释寺的护法神，其形象为愤怒羊首，舌头伸在外面，骑着山羊。该神在中川乡文家自然村文家、铁弓自然村王家、杨家自然村张家等家族中供奉。

神秘丰富的土族宗教仪式

在仪式活动中呈现多样的精神世界

独特神秘的庙神装藏仪式

“装藏”，简单理解就是为庙神的塑像装内脏，期望使其具有灵气和威力。民和土族地区按照一定的年限将本村庙中的村神旧的脏腑去掉装上新的，所装的东西多为喜鹊、麻雀、蛇等。这与藏传佛教中对佛像的“装藏”活动有点类似，但其所包含的文化因子与“装藏”完全不同。

因每个土族村寨所供奉的地方保护神不同，村庙中所举行“装藏”仪式的规模、日期也稍有不同。一般每个土族村寨保护神的“装藏”仪式每隔十二年举行一次，据土族民间学者徐秀福介绍：官亭四郎庙的四郎神，每五年装藏一次；桑卜拉庙的娘娘爷每三年装一次；草滩祁家庙的锁劫大王每十三年装藏一次；巷道祁家庙的摩竭龙王每五年装藏一次等等。但也有例外，当某个村寨的保护神神力削弱不灵验时，众派头就会商议为本村寨保护神举行“换藏”活动，让神再次进行“修炼”。

每五年装藏一次的四郎神（图／胡芳）

民和鄂家村和宋家村的装藏仪式

举行“装藏”仪式前，大小派头在村庙前将可容纳百人左右的白布帐房坐北朝南扎在会场最顶边，帐房房顶表面四角饰云水图案，中间饰五只蝙蝠和鹿等图案（意为五福捧寿）。扎好帐房以后，将本村寨保护神（每个村的村神不尽相同，有龙王爷、娘娘爷、黑池爷等等）请到帐房内，供在香案上。本村内的每户人家都要派一位代表参加。先将神像内旧脏挖出，然后将事先找好的麻雀、蝙蝠、蛇、十二精药等装入神像内。这些动物必须是活物，装好后用木盖塞住，由画匠重新上彩，阴阳师念经点睛，法师念号赞神威力和恩德。此时众人向黄河南面甘肃方向祈祷，因为三川地区的神祇多来自甘肃。此活动举行到下午三四点便告结束。

到夜深人静之时，守村庙的大派头或庙倌，烧香点烛，向神像顶礼膜拜，还烧三道黄表纸。然后悄悄背上神像，到附近深山中挖一可藏神像的洞，将神像藏好。藏洞期一般为二十一天，也有四十九天。在此期间村庙门要用阴阳师所画的字符封好，禁止一切人出入。土族村民认为此时村神不在村庙中，如打开庙门，会使妖魔鬼怪进入。村神在山中“修炼”期间，每天夜深人静之时，大派头或庙倌要去所藏处点烛、上香、烧纸。每一次都要从不同的路线去，以防留下足迹被他人发现。

在村庙前树起一杆 6–10 米长的木杆，在顶上升起两条各 3 米多长的黄白色“宝盖”（纸幡）。据说白色“宝盖”剪有三十二齿用以敬天，黄色宝盖二十四齿敬地，杆中间绑一炷香表示敬神（图 / 胡芳）

“修炼”期满后，众派头清扫村庙前帐房，给神轿上香点烛。这时全体村民都要参加，同时还要请法拉、法师、阴阳等民间法事人员。到午时，在场的众人向帐房香案上的神轿磕头祷告，法师敲着羊皮鼓，边唱边跳，赞神威力，阴阳也开始念经。经过长时间的舞诵祈祷，作为人神中介的法拉开始“发神”（意为神附身）。他手持法器，身穿法衣，进入亢奋状态，双腮插钢钎，又舞又跳，跑向藏神像的山上寻找神像，法师紧跟法拉赞神威力，大小派头们抬着神轿跟在其后，看热闹的人也追随而去，整个场面十分壮观。说来神奇，一般法拉都能找到藏神像之处。法拉指明神像藏身之处后，大小派头将神像请到神轿内，敲锣打鼓，抬神轿回村。当留守村庙的人看见神轿返回，便鸣炮、烧香、跪迎。村神一般不抬入村庙，而是先迎供在村庙外帐房内的香案上。大小派头上供鲜花、蒸饼、清水等物品，并焚三道黄表纸，法拉便“提神”（意为解除神力），抖落钎子。法师开始表演神鼓舞，颂神娱神，阴阳师念经。此时众派头要给神献牲，具体仪式与九月九安神仪式相似，“泼盘”等仪式结束后，众人共同享用。结束时，众派头将杆上挂的宝盖钱粮烧掉，将神像连同香案抬回庙内供奉，将羊皮送给法师，敬神的五谷、蒸饼归阴阳师和法拉以表示酬谢。到此，整个装藏仪式才算正式结束。

由于每个村神不同，装藏规模和装藏物也不一样。辛家村黑池龙王，不装臭脏，即不用动物，而装香脏，即用佛经若干卷、清油、五谷粮食等。还有个别庙如桑不拉村的娘娘爷也装素脏，装的是佛教经卷，由当地著名活佛提供，还装十二精药、七种明香等中药。草滩祁家庙神坐洞时要用一只大盆盛满水，并放只蒸笼，上面供神像，邀请七个法师同时娱神。

煨桑，在松柏枝焚起的霭霭烟雾中，是土族宗教和民间信仰中常见的活动，几乎每家都有煨桑炉（图／保广元）

踏青护苗——互助土族青苗会

青苗会是河湟流域土族和汉族迎神祈福、踏青护苗的民间传统节日。互助不同地区土族村落按照历年庄稼长势情况和传统习俗惯例在每年农历三月至六月间择日举行青苗会。青苗会又称“转经会”，土语称“斯过拉”。整个节日活动从开始到结束需要1—2天，内容包括煨桑、请神、巡山、背经、诵经、踏青等一系列仪式，其目的是通过抬请村落保护神如龙王、娘娘等神祇巡山，祈求神灵保佑本村落一年风调雨顺、害虫毋作、庄稼丰收。土族青苗会期间，不仅全村的男女老幼身穿民族服装踊跃参加，邻村土地交叉的汉、土、藏等四方民众也穿着节日盛装，倾家出动，前来参加盛会。因此，游山的队伍有时多达千人，极为壮观。节日期间，除了举行上述宗教仪式外，还要举行野餐、唱花儿、摔跤等文娱活动。届时，附近商贩们也赶来，摆设摊点，进行商业活动。

颂神娱神——二月二“勃”仪式

“勃”（bo），土族语，既指法师本身，也指法师喜神过程，俗称跳神，其实质是颂神娱神的庙会。青海的汉族民众根据会场中的法师敲鼓的鼓声称“勃”为“啷啷”会。“勃”作为土族民间信仰活动在互助土族地区具有广泛的影响，分布于互助土族自治县的东沟乡、五十镇、丹麻镇等土族聚居区，各地举行的时间虽有所不同，但其内容和仪式程序基本相似，均以祈愿消灾解难、驱魔除病、祈福等为主要内容。

青海互助土族自治县举行“勃”的村落，主要有威远镇的纳家、崖头等，东沟乡大庄村、姚马村等，五十乡的桑士哥村，双树乡的杏园堡、大通苑等村，东山乡的纳龙沟、岔儿沟、大小羊圈等村落，丹麻乡的石头山城

大庄二月二庙会之法师舞蹈（图／胡芳）

等地区，举行的时间基本上是在每年农历二月二、三月三、四月八（详见下表）。此外，大通县、民和县、湟中县等地区一些人口较多的村落举行类似的活动，称“青苗会”“香赛会”。如大庄村土族在每年农历二月二举行的“勃”仪式主旨是为保丰收或祈平安举行酬劳本村龙王的活动，又称龙王会。每次庙会一般1—4天，由3—9名法师组成。

互助地区举行“勃”的时间与村落

主要村落	时间
东沟大庄村	二月二
五十柳家村	二月二
东沟姚马村	三月三
威远堡崖头村	三月三
威远堡纳家村	三月三
丹麻松德村	三月十三
丹麻索卜沟	三月十八
东山大羊圈	四月初八
东山古家岭	四月初八
五十巴洪村	五月初四
丹麻东家村	腊月初八

互助土族“勃”仪式中供奉的神灵多为村落保护神和家神，此外供奉和颂词中涉及的神灵多出自道教神灵谱系。如三霄娘娘、九天圣母、龙王、关公、城隍、土地爷、山神、牛王、马祖、灶神、财神等。互助土族村落多建有龙王庙、二郎庙、黑虎庙、娘娘庙和护法神庙，如大庄村和姚马村“勃”仪式中供奉的村落保护神均为龙王，松德村供奉的村落保护神为三霄娘娘，即“云霄娘娘”“琼霄娘娘”“碧霄娘娘”。法师在举行“勃”仪式时，多诵唱“真武”“九天”“金山”“芳绰”“太乙妙相元君”等所谓“神号”，还用历史故事进行诵唱，如开首语为“天皇五首天庙，地皇留人类兽禽，人皇留下了仁义礼智信”等等。

举行“勃”仪式从准备到结束需要三四天时间。主要程序为：第一天开祇交生、打扫神殿、净坛洒净，第二天立灯杆、升标旗、迎喜神、开坛、讲马路、说书、请亡，第三天禀祝、上腊、转供养、迎盘、驱五道神、讲旗、拜教、迎天神，晚上拜灯朝斗、催神送白虎、交钱粮、倒灯杆送亡。

什么是鄂博

鄂博一般设在村落周围的高山顶上和路边，土族地区常见的鄂博一般由地下和地上两部分构成，地下要埋一根刻有六字真言的“命柱”和一些其他珍宝。地上的部分是用木桩立四个脚柱，再用柳条或其他灌木树枝编成围栏围在脚柱内，并在里面放置石块，上面插树木和印有经文的旗，还在树枝上挂上红黄蓝等颜色的布条，分别象征祭火、地和天。鄂博被看作是山神或土地神的住所，在安设鄂博时要由喇嘛念经。祭鄂博时要由喇嘛或法师念经，煨桑，往火中洒牛奶、酒，并在煨桑时放“禄马”，再举行“插箭”“放生”等活动。

大东岭鄂博（图／鄂崇荣）

互助东沟乡大庄村青苗会

从7月19日早上6点多开始，大庄村每家每户派出的一名代表（过去每户按占耕地亩数出人）带着酒水或蒸饼开始陆续前往广福寺集中。在此之前，大庄村的长者和领头人在庙倌李呈铎的指挥下，已烧好了茶水。等人差不多到齐时，长者和领头人给村民分发佛经（据说是《甘珠尔》经）和宝旗。每人背1板或3板佛经，佛经用经板、五色彩绳两面绑住固定后，背在背上或肩上。8点多开始，在鞭炮声中，领头人和几个小伙子向龙王神轿跪拜后抬神轿，什典增（专门请神者）手捧神箭，众人给庙倌搭红，接着在庙倌引导下从广福寺陆续出发，手擎宝旗和身背佛经的男子紧跟神轿后面。宝旗代表着不同的神位，每一幅旗图像不一样。抬神轿、擎宝旗、背经的人选必须是男性或未出嫁的姑娘。

巡游队伍行进期间，沿路的村民在路边煨桑、跪拜迎接，有些家庭还摆香案，香案上供放着青稞酒、锟锅馍、奶茶等，有些村民手持哈达和红色被面，向龙王神轿或神箭献哈达，或搭红。一些虔诚信仰的老年信徒，还跪拜成一行，等待领头人抬着神轿从他们头顶上经过，这象征着龙王摸顶，祈求消灾祛病，事事顺利。一些人家设置香案，供放酥油灯、清水、朵玛、锟锅馍等，专门请法师念端茶经，迎接神灵巡游。

中午12点半左右，护青队伍来到沟脑自然村的草滩上，众人将宝旗、佛经集中放在一处后，开始坐在草坪上休息喝茶吃午饭，沟脑自然村附近

上图：人们将佛经用经板、彩绳两面绑住固定后，背在背上或肩上（图／王存辉）

下图：青苗会上长蛇般的转山队伍（图／王存辉）

的一些村民从家中带来茶水、油馍等请护青人员享用。护青队伍在沟脑自然村开阔的草滩上休息1小时左右后，一位长者吹起白螺号，几位领头人敲锣，督促护青人员重新列好队伍出发。沟脑自然村及附近的村民跪拜在山路两旁，恭送神轿、神箭等离开。到达大东岭山顶时，大东岭鄂博下点燃的桑堆正冒着桑烟。大庄村护青队伍抬着龙王神轿围着大东岭山顶上的鄂博顺时针转三圈后，将龙王神轿放在鄂博下开阔地带，龙王神轿向东对着大庄村方向，背来的宝旗和佛经围绕着鄂博依次被摆放成一圆圈形。两位法师敲着法鼓、法钵，念着颂神经，祈祷神灵保佑庄稼丰收，全村平安。一些信仰虔诚的村民向龙王神轿、鄂博磕头祈祷。以前还要在大东岭上进行摔跤比赛。护青队伍在大东岭上休息1小时后，又重新集合，高呼神佛保佑，下山前往花园，从花园返回到广福寺。在队伍返回之前，守护广福寺的一位老者在巷道口点燃了桑堆，口里高声诵读六字真言迎接，巷道里的香案上摆放着锟锅馍、青稞酒等供品，另一位长者牵着一只脖子上系有红布条的羯羊也在等候迎接。当护青队伍返回广福寺时，大庄村青苗会中护青路线全部结束，正好围绕大庄村村界一圈。回到广福寺后，庙倌向抬着的神轿说一些“佛爷辛苦了，请您保佑本村风调雨顺”“大家辛苦了”等喜话和感谢语后，请神轿落轿。护青的人员将宝旗、佛经等一样样卸下摆放在一起，在大殿前给众神佛磕头，然后庙内外休息，喝茶吃馍，休息完毕后，各自陆续返回家中，整个青苗会活动正式结束。结束后，庙倌、长者、领头人等十几人将二龙王神轿和神箭抬请到拉洞河滩静坐一夏，直至庄稼收割完毕后，意为保佑全庄青苗不遭受冰雹等灾害，在此期间，每天派村民轮流看护神轿。

一些虔诚的老年信徒，跪拜在路边等待神轿、佛经或是神旗、神箭从他们头顶上经过，祈求消灾祛病，事事顺利（图/胡芳）

撰稿专家

鄂崇荣，土族，哲学博士，现为青海省社会科学院民族宗教研究所所长、研究员。中国民俗学会中国少数民族民俗研究中心副主任、青海土族研究会理事。曾获“全国五一劳动奖章”“青海省优秀专家”等荣誉称号。主要从事土族文化研究，著有《土族民间信仰解读》等。

《土族民间信仰解读》

扫描二维码，
阅读专家代表著作的电子版

吾屯下寺墙壁上的浮雕图案
（图／鄂崇荣）

劳动生活总是民间文学不竭的源泉(图/王玫)

第4章

口耳相传的文化密码

民间文学

本章主撰稿人：青海省社会科学院研究员　胡芳

在没有文字记述的漫长历史中，土族人民口头创造了绚丽多彩的民间文学，包括神话、传说、故事、歌谣、叙事诗、史诗、寓言、谚语等。这些优美隽永、口耳相传的叙述和吟唱就像一个个隐秘的文化密码，既传递着土族历史演进和文化变迁的模糊信息，展现着土族人民独特而丰富的精神世界，又表现出了与汉、藏文化相互交融的多元特点，反映了土族与汉、藏等民族在青藏高原上长期毗邻而居、友好交往的历史真实，展示了土族人善于学习、宽容博纳的胸怀，以及他们自强不息、跋涉奋进的精神气质。

土族的神话如珠玉般散落在他们的民间口头传承中，如讲述天地形成的创世神话《阳世的形成》，解释天地形成及人类起源的神话古歌《混沌周末歌》，歌颂土族先民战天斗地、学种庄稼的神话叙事诗《古然那斯布勒》等。

土族地区流传的婚俗传说和风物传说十分丰富，载歌载舞的土族婚礼中的习俗和仪式，土族聚居区的山川景物、盛大节日及动植物等均有相关传说在流传。这些传说和故事用或意味深长，或激昂地叙述追忆民族历史，歌颂纯真坚贞的爱情和善良勤劳的劳动人民，鞭挞社会的丑恶，营造了一个充满了传奇和浪漫色彩的精神世界。

土族叙事长诗代表作《拉仁布与吉门索》歌颂了一种连死亡也无法隔绝的爱情，诗歌塑造了拉仁布与吉门索这样一对热烈相爱、生死相随的情侣形象，歌颂了他们至死不渝的爱情和不屈不挠的反抗精神，人物形象光彩照人。

远古文化的烙印——神话

土族的神话如珠玉般散落在民间口头传承中

神话是人类童年时期借助想象认识自然、征服自然的神圣叙事，是一个民族历史谱系中最初的形态，散发着远古文化的质朴气息。土族神话既是土族先民关于远古时期万物形成的原始思维的追忆，又是他们与自然、社会斗争情况的回顾，是土族历史文化的源头之一。

神奇的创世神话——《阳世的形成》

关于天地如何形成的，世界上许多民族都曾有过瑰丽的想象，土族先民们也在稚拙的童年时期对其进行了好奇的探索。《阳世的形成》是土族的原生性创世神话，产生年代极早，内容非常原始和古朴，讲的是阳世（指世界）形成之前，天连着水，水连着天，到处是一片

《阳世的形成》

土族人接受了汉文化影响之后，又用五行说对自己的创世神话进行了丰富和完善，如《阳世的形成》的一则异文补充道：与此同时，五行也形成了，箭把是木，天神从东方射箭，东方为木；箭头是铁，西方为金；蛤蟆受了箭伤，嘴里冒火，南方为火；蛤蟆的屁股朝北，撒了尿，北方为水；中为土。在这则异文中，土族人将汉族古代哲学中的五行说与自己的创世神话巧妙结合起来，对五行的来源做了妙趣横生的解释。

有青蛙图案的民和土族刺绣（图/保广元）

土族的神话、诗歌、传说，有很多都孕育于并且歌颂着他们所赖以生活的壮美山川（图/王存海）

白茫茫的汪洋。一位主宰宇宙的天神想要创立阳世，看到白茫茫的水面浮着一只巨大的金色蛤蟆，就急忙抓起一把黄土撒在金蛤蟆的背上，谁知受惊的金蛤蟆却一头扎进了水里。天神发怒了，拉弓搭箭，等候猎物。当金蛤蟆又一次出现在水面上时，"嗖"的一箭飞起，当即射穿了金蛤蟆的身躯。金蛤蟆痛得翻了个筋斗，肚皮朝天躺在水面上。天神趁势又将一把泥土朝金蛤蟆扔过去，金蛤蟆慌忙紧紧抱住泥土，再也不敢往下沉了，于是阳世就形成了。

在《阳世的形成》中，宇宙的原初形态是液态，天神是在"水中造阳世"，"天连着水、水连着天、到处都是一片白茫茫的汪洋"正是人类史前有关洪水泛滥事实的反映。这则神话中的创世神是神人同形的神祇，他执长弓，射水怪，创天地，其英雄气概可与汉族神话中射日的英雄后羿相媲美。而金蛤蟆则是这篇神话中最为神奇的意象，它是一种观念的真实，与土族的原始信仰有密切联系。在土族的民间口头传承中，处处可见金蛤蟆的影子：在《阳世的形成》中，它是大地的母亲，用巨大的身躯支撑起了人类赖以生存的陆地；在《混沌周末歌》中，金蛤蟆成为了绝佳的补天材料，女娲娘娘正是割下它的舌头补了一座黄金天，才使天河不下流；在《莫日特巴蛙》中，蛤蟆又成为了光明的使者，是为消灭贫富差距和官人压迫百姓而英勇战斗的英雄的化身。可见，在土族人的民间信仰和口头文学中，蛤蟆是一种神圣美好又无所不能的生物，它的出现不仅使土族的原创性创世神话呈现出了鲜明的民族特征，还激发了人们无穷的想象：大地已经这样无边无际，支撑大地的金蛤蟆又该有多大？这又进一步引导土族先民探索宇宙之奥秘。

千歌万曲的根谱——《混沌周末歌》

土族在与汉文化进行接触和交流的过程中，其宇宙观和创世观逐渐发生了变化，他们将自身传统和外来文化结合了起来，在依旧保留本民族的心理和传统文化的基础上，借助汉民族的神话典故和文化元素重新阐释了宇宙起源，并对人类起源进行了别出心裁的解释。《混沌周末歌》是土族的神话古歌，被民和土族视为千歌万曲的“根谱”，土族语将歌曲称为“道拉”，因而称《混沌周末歌》为“道拉的根本”，轻易不唱，只在男婚女嫁的婚礼过程中隆重演唱。这首歌以诗体语言保存了大量汉族上古创世神话的内容，如盘古开天辟地、女娲补天及造人等，但这些内容与纯粹的汉族神话相比已发生了很大变异，土族人民用自己的民族心理和传统文化重新阐释了汉族的创世神话与文化人物，并用本民族的古老神话对其进行了增补。在这首神话古歌中，天地最初的形态是混沌一片，歌中唱道：“周天一气生混沌，无天无地并无人；混合无极生石卵，混沌初分一元生。”石卵滚破之后生出了盘古神人，他出世时身材高过三丈三，浑身长毛不穿线，他左手拿了开天钻，右手拿了破地斧，“朝上钻来变成天，朝下辟来变成地；开天辟地

《混沌周末歌》为“道拉的根本”，轻易不唱，只在男婚女嫁的婚礼过程中隆重演唱。图为土族婚礼的欢庆歌舞场面（图/保广元）

《混沌年代歌》

在《混沌周末歌》的异文《混沌年代歌》中，土族的人类起源说又不同于前几种说法，歌中唱道："有了天地无人烟，无人无烟八百年。人皇圣人出世后，他把石子撒一把，撒到江中生莲花，莲花顶上生祥云，祥云结子成了珠，灵珠转世一男相。有了男相没女相，地皇圣人江边来，扎出草人三名来，请来三宝活罗汉，每天江边口授言，未授三朝草成人，才有男女两相人。伏羲女娲留婚姻，高山滚磨合一片，三皇圣人牵红线，才在世上留人烟。"这首歌散发着浓厚的佛教思想和汉文化色彩，石子和草人要借助佛教仪式和力量才能脱胎换骨变成人，伏羲女娲高山滚磨留婚姻则完全是汉族神话的移植，而他们的结合要靠三皇圣人牵红线，这又是土族人对汉族神话的补充和丰富。

两半分，从此才有天和地。"但世界并不完美，而是一片天塌地陷、天黑地暗的景象。这时候，土族神话中的传说人物南音神人和红镜神人出现了，南音神人用风作天柱，以水为地梁，使"天地平定到如今"，红镜神人则留下了日月，使大地有了光明。即使这样，天地仍不圆满，于是"女娲娘娘出世者，割了蛤蟆的舌头，补了一座黄金天，从此天河不下流"。之后，女娲娘娘又留下了人烟，神农皇帝留下了五谷，伏羲神人教人们制衣服。诸神各展其能之后，大地上万物生长，光明普照，呈现出了一片繁荣景象。

深受汉文化影响的土族创世神话

除了天地形成的神话外，人类起源神话也是创世神话的重要组成部分。在土族的神话中，存在着好几种关于人类起源的说法，这些说法大都与汉族神话和文化人物有着千丝万缕的联系。如在《混沌周末歌》中，土族人认为是女娲娘娘留下了人烟，这是汉族女娲造人之说在土族神话中的移植。在《黄牛大力士下凡》中，土族人提出了人类是玉皇大帝造出来的观点，这种人类起源说显然也是受汉文化影响之后的产物。而在《打柴郎的故事》中，地震导致了人类的毁灭，受石狮庇护，劫后余生的打柴郎寂寞之余捏泥人解闷，不料泥人全部活了，人类得到了重生。在这则神话中，打柴郎捏泥人再造人类与汉族的女娲"抟黄土造人"的情节相似，说明其仍是受汉族神话和传说影响后产生的神话，但土族人把劳动人民中平凡而普通的打柴郎推上了救世主的宝座，表明人神平等的思想和人本意识已深深地扎根在了土族人的心灵深处。

土族的诗体神话古朴典雅，对仗工整，可能是由上层的文化精英创造后流传到普通民众之中，民众又结合自己的文化传统和接受能力对其进行了改造，从而形成了土族创世神话古歌内容庞杂、头绪繁多，有时甚至自相矛盾的整体面貌。从其中掺杂的大量的汉文化元素中，我们可以看出，土族接受汉文化影响不仅早而且广，汉文化已渗透到土族文化和生活的方方面面，尤其是在上层文化中，汉文化的影响十分深厚。

三岁尕娃种庄稼——《古然那斯布勒》

古然那斯布勒是土语，意为"三岁尕娃"。土族先民的代表三岁尕娃上天入地捉青龙、捕野牛、开荒种田的神话是土族自然斗争神话的典范，这个神话以不同的形式在土族民众中广泛流传，如《腾得儿格玛》是韵文体的神话古歌，《古然那斯布勒》（土语，即刚满三岁

汉文化已渗透到土族文化和生活的方方面面，图为大通土族刺绣纹样狮子滚绣球（图/辛元戎）

土族叙事长诗《拉仁布与吉门索》歌颂了一种连死亡也无法隔绝的爱情（图/保广元）

的尕娃）是对唱的韵文体歌谣，《牛耕地的传说》则是散文体的神话传说，三者虽体裁不同，内容却大同小异，都叙述了三岁尕娃屡经挫折、顽强奋斗，最后终于用顽强的意志驯服黄牛，种出粮食的故事。古然那斯布勒是土族人民的象征，他身上凝聚着土族人民勤劳勇敢、顽强进取的精神品质和不屈不挠、战天斗地的斗争风采。在中华民族数千年的历史中，龙以奇特的造型、巨大的威力以及腾云驾雾、耕地播雨的特殊本领在各民族的精神世界中占据着重要位置。它是人们顶礼膜拜的偶像，是威严不可侵犯的神灵，但在土族神话中，威风凛凛、不可一世的龙却被古然那斯布勒所捕捉，戴上笼头，穿上金鼻圈，受金鞭抽打，被当作耕地的畜力使用。这种对龙的驾驭理念是对人自身力量的肯定，充分体现了土族人民的智慧和丰富的想象力。

《古然那斯布勒》

《古然那斯布勒》有多篇异文，其中有一则韵散相间的传说故事还叙述了古然那斯布勒驾犁种田的壮举，是受到了爵力丹迭神人的旨意。神人还交给了他几粒珍珠般的青稞种子，古然那斯布勒将种子播到地里，秋后获得丰收，于是用青稞酿成醇香的青稞酒，献给了爵力丹迭神人。

酿成醇香青稞酒的青稞也出现在神话故事中（图/保广元）

奇幻美丽的想象——传说故事

传说和故事在数百年的漫漫长夜中曾是抚慰一个民族灵魂的精神食粮

传说是原始的“口述史”，不一定客观和真实，却传递着一个族群源远流长的历史记忆，而故事是娱乐的叙事，是用“超现实”的美丽想象展现真实的人间生活。土族的民间故事类型极为多样，如有以《莫日特巴蛙》《黑马张三哥》《智除蟒古斯》为代表的超自然的幻想故事；以《路不平旁人铲修》《孔雀》《卓玛姐》为代表的生活故事；以《巴尔嘎桑》《南吉》为代表的机智人物故事；以《新兽王》《想吃太阳的鸠》《兔子传圣旨》《兔子、狼和狐狸》等为代表的动物故事；以及以《乱穿袈裟胡念经》《养鸡买马》为代表的笑话故事等。这些传说和故事在数百年的漫漫长夜中曾是抚慰一个民族灵魂的精神食粮，但在电视、书籍、网络遍布乡村各个角落的当下，却被收集进各种民间文学资料集中，成为了凝固的叙述，不再是鲜活、有生命的民族瑰宝了，土族的儿童们已远离了那些生动、传奇的讲述。

智勇双全的巾帼英雄——单阳公主的传说

土族的史诗传说往往跟当地的风物或古迹有联系。民和县中川乡乡政府所在地清泉村北面有宋代丹阳古城，城西北面有绵延起伏的凤凰山，山脉向东西延伸，如凤凰展翅，守护着美丽富饶的三川，当地人传说丹阳古城和凤凰山都与土族女首领单阳公主有关。在土族人的心目中，单阳公主是一位智勇双全、保家卫

残缺的丹阳古城遗址（图/胡芳）

国的巾帼英雄，三川地区流传着许多有关她的传说，如《烈火旗》《造过麦子的白土城》《单阳城》《单阳公主的传说》等。这些传说中说单阳公主是古鄯国国王的小女儿，管理着三川地方，她还有个姐姐叫双阳公主，占据着古鄯（现青海省民和县古鄯镇）一带的地方。单阳公主有才有貌，能文能武，将三川地方治理得五谷丰登、六畜兴旺，百姓安居乐业，她从姐姐那里借来烈火宝旗，摆下"八卦烈火阵"，击退了入侵的吐蕃兵，又让老百姓用土堆成七座小山，上面撒上白灰充作麦山，吓退了来犯的罕国军队。后来，朝廷听到西头土邦强盛了，派军队来征剿，攻打单阳城，没能打下来，便派兵围住单阳城，想困死单阳城的军民，围了几个月却丝毫没有效果，便派探子去打探，从一条小狗的去向探知了单阳城有地下通道的秘密，便从通道攻入单阳城，后来单阳公主归顺了朝廷，三川地方也由朝廷来管理了。此外，三川土族妇女的传统服饰传说也是单阳公主留下来的，《土族妇女的传说》中说单阳公主在治理三川的时候梦见了一只花凤凰，醒来后便照着凤凰的样子亲手做了丹凤朝阳的头饰"扭达"，缝了美丽的七彩袖子、红裙子和绿袄，三川女子纷纷仿效她的打扮，这些服饰一直流传至今。

土族民间传说中的单阳公主就像汉族传说中的巾帼英雄穆桂英和樊梨花一样聪明美丽、英勇善战，是位令人钦佩的女英雄。在土族民间传说中，她还是神祇一样的存在，是凤凰山的化身。如《单阳公主的传说》中说她的星宿是狐狸，常化作老人行善，好心指点了宋王派来杀她的猎人，反伤了自己的性命。狐狸星宿死后，单阳城开始衰落。宋朝的军师参悟了单阳公主与凤凰山之间的联系，派士兵去挖凤凰山的脉气，白天挖，晚上又复原，后来听到凤凰山山底下有人说"再挖一阵就要把手挖断了"，就连夜挖，才断了凤凰山的脉气。凤凰山的血脉流到朱家河滩，被一个饮牛的人多嘴说了句"你乏了，流不动"了，最终没能与黄河接上

在土族传说中，单阳公主是凤凰的化身（图/辛元戎）

复活，凤凰山就彻底成了一座死山，单阳城也陷落了。

单阳公主的传说是虚构的史诗传说，可能与汉族穆桂英、樊梨花等巾帼英雄的传说在土族地区流传有关，如摆"八卦烈火阵"、堆假麦山的情节也跟上述传说的情节类似，但土族人将其附会到地方风物的由来中，表达了对自己家园和民族服饰的由衷热爱。

土族与汉族单阳公主的传说有差异

土族民间传说中还说单阳公主的姐姐双阳公主武艺高强，在阵前擒获了年轻英俊的宋朝将领狄青，要招其为婿，狄青为了盗取姐妹俩的珍珠烈火宝旗，假意应允，结果被聪明的单阳公主识破，狄青盗走了假旗，受到了皇帝的惩罚。这则传说与明代汉族章回体小说《五虎平西》中的情节有点相似，是狄青盗宝故事在土族民间流传的一种异文。所不同的是，汉族传说主要歌颂传奇人物狄青的聪明勇敢，而土族传说则突出刻画了双阳公主的骁勇善战和单阳公主的智谋，与她们智勇双全的形象相比，狄青的人物形象显得有些黯然失色。

妙趣横生的婚俗传说——《道拉的来历》

土族婚礼载歌载舞，像歌舞剧一样精彩，伴随着一道道庄严的仪式，产生了许多生动有趣的婚俗传说，如《花箱子》《嫁男儿》《抢婚》《道拉的来历》《娶亲泼凉水》《山雀叫了的时候》等。其中，《花箱子》中讲道，男人出嫁时家中给他陪送许多好吃的食物并送一匹马，但男人过不惯女方家的生活一次又一次跑回来，没办法，只好将姑娘嫁到男方家。姑娘出嫁时，娘家给她陪了一对花箱子，姑娘也想跑，却舍不得花箱子，只好留下来了。从此，新娘出嫁时娘家人一定要给她陪送一对花箱子。《嫁男儿》也讲了类似的情节，只是姑娘吃了一碗香甜的“塔力哈”（土语，意为油炒面）后才留了下来。这两则传说是对人类历史上真实存在的从“从妻居”向“从夫居”演变的婚姻制度变迁的原始记忆，通过形象生动的故事对人类历史上古老婚姻习俗进行了推原解释，反映了其不同的婚姻形态。而《抢婚》传说中说，已经定了亲的小伙在发生日食和月食时，可以跑到定亲的姑娘家抢婚，这则传说是土族历史上独特的抢婚习俗在传说中的遗留。《娶亲泼凉水》讲的是美丽的土族姑娘卓玛姐泼凉水拒绝了有权有势的土司和富有的商人，选择了会唱“道拉”、勤劳勇敢的农家小伙子为丈夫，留下了娶亲泼凉水的习俗。《山雀叫了的时候》同样歌颂了不嫌贫爱富的土族姑娘兰彦索，大财主斯让加要在山雀叫第三遍时强娶她，她用金嗓子迷住了山雀，在山雀叫第三遍前将头发编成了两根辫子，与心上人桑什加远走高飞，留下了姑娘出嫁时山雀叫第一

《娶亲泼凉水》传说讲述了娶亲泼凉水习俗的由来，图中娘家阿姑正在屋顶上向前来迎亲的人泼凉水（图/保广元）

遍时起身、叫第二遍时梳发、由新郎亲自迎亲等习俗。

《道拉的来历》是一则十分著名的土族婚俗传说，有多篇异文，如《除王蟒》《鲁氏太太斩王蟒》《除蟒王》等，这些传说均对土族婚礼歌——“道拉”的来历进行了艺术的追溯。《道拉的来历》说是甘肃永登连城地区有兄弟二人，弟弟有一次口渴，喝河水时把变成小鱼的龙王爷吸进肚子里，顿时变得力大无穷，他除掉了一条残害人和牲畜的蟒蛇，被人们称为王蟒。后来，他受歹人勾引，干起了抢人、吃人的勾当，把百姓们闹得乱糟糟的。连城鲁土司的老婆鲁氏太太自告奋勇要降服王蟒，她穿着镶花边、彩袖的衣服，打扮得漂漂亮亮去见王蟒。王蟒被她迷住了，大摆宴席，要跟她成夫妻。席间，鲁氏太太连连斟大杯酒给王蟒，见灌不醉他，就叫值夫唱曲子敬酒，连着唱了好多曲子，王蟒开始醉了。敬酒的值夫就唱定下的暗号“一道拉呀‘刀’尼者，值夫上来瞄盅子”。由于王蟒还没有完全醉倒，值夫又唱“莫‘刀’尼道拉，行不日呀折回个”。就这样，唱一曲，敬一杯，王蟒醉成一团泥了，刀斧手砍下了王蟒的头。从此，土族在举行婚礼时，便唱“道拉”，他们还在“道拉”中唱道：“鲁氏太太斩王蟒，遗留道拉到如今。”据说以前甘肃连城鲁土司衙门里，挂着一只蒲扇大的手，就是鲁氏太太砍下来的王蟒的大手。

土族传说中的喜鹊具有正义感和同情心，是受人们喜爱的形象（图/辛元戎）

非人非兽的吃人精怪——蟒古斯

蟒古斯故事是中国北方颇为常见的一个大扩布的故事类型，蒙古族、裕固族、鄂温克族、鄂伦春族、达斡尔族、土族、撒拉族等民族中都有蟒古斯故事流传。土族的蟒古斯故事不是单一的篇章，而是系列故事，其主要篇目有《蟒古斯》《蟒古斯吃了花牛犊》《老阿奶与蟒古斯》《智除蟒古斯》《黑马张三哥》等，这些故事均讲述食人精怪蟒古斯残害生灵、欺压弱小，最终被人类铲除。在《智除蟒古斯》中，蟒古斯以“野人婆”的形象出现，她变幻成了白发蓬松的老太婆，在太阳偏西的时候，出现在一个荒无人烟的深山幽谷中，骗取了路经此地的老奶奶的信任，探听她家里的情况，然后狞笑着说道：“高山峡谷岩石峡，到处是我家，山前山后我都去，人人叫我蟒古斯。”说完便凶残地吃掉了老奶奶，又装扮成老奶奶的样子，来到老奶奶的家里，骗她的三个女儿开门。大姐吉然索和二姐达兰索识破了她的面目，不给其开门，只有年幼无知的小妹娜瑛索受到其蒙骗，打开了门。蟒古斯进入三姐妹的家后，哄三姐妹早点睡觉，吃掉了轻信的小妹。聪明的两姐妹发现后，借口上茅坑逃跑。蟒古斯紧追不舍，姐妹俩爬到树上，在危急时刻被路过的樵夫搭救，蟒古斯被剁成肉泥，埋入深坑。在《老阿奶与蟒古斯》中，蟒古斯以更为凶狠而愚蠢的形象出现，它吃掉了老阿奶的丈夫和三个女儿，又宣称晚上要来吃老阿奶，老阿奶则在具有正义感和同情心的喜鹊、小青蛙、鸭蛋、牛粪、碌碡等的帮助下战胜了凶残的蟒古斯。

土族民间故事中的蟒古斯是非人非兽的怪物，其原型可能跟人猿、人熊及野人有关，而猿猴或人形奇异动物抢婚或食人故事是世界性的民间故事，在中国的西北、西南边疆流传也十分广泛。土族人通过讲述蟒古斯故事，给孩子们灌输“看家护宅”的安居观念，告诫少年儿童如何识别冒充亲人的变形鬼怪，不要被其吓倒，要敢于与之斗智斗勇。此外，土族的蟒古斯故事还是其原始文化的活化石，蕴涵着现在几乎已消失殆尽的原始文化和信仰的许多因子，如万物有灵、灵魂不死、火崇拜及变形思维等原始信仰和观念，是极其珍贵的土族原始文化的遗留。

饭可一天不吃，歌不可一日不唱

土族是个热爱歌唱的民族

土族是个热爱歌唱的民族，素有“饭可一天不吃，歌不可一日不唱”之说，他们的日常生活和生产的很多环节，都有歌谣产生和伴随。土族歌谣极其丰富和发达，不仅数量庞大，而且种类繁多。按照内容，土族的传统歌谣可大致分为劳动歌、赞歌、仪式歌、情歌、生活歌、儿歌等。其中，赞歌、仪式歌和情歌是土族民众日常生活中最常唱的歌谣，也是直到今天仍在土族乡间的田野中鲜活地生存和传承着的口头文学。

热情洋溢的赞歌

土族赞歌内容丰富多彩，涉及天文、地理、生产、生活、宗教及历史人物等，反映着土族传统的人情交往礼节和伦理道德观，蕴含着深厚的民族文化内涵。土族赞歌往往运用各种生动形象的比喻和华丽的词句热情赞美客人，或主客之间互相赞颂。如主人赞美客人“德高如蓝天，恩深似大海”“意志像雄鹰一样坚强，智慧像海洋一样渊博”。客人称赞主人的盛情款待，将普通的餐具说成是金杯玉盏，把普通的食物说成是山珍海味。宾主互相赞颂，既加深了感情，又增添了热烈欢乐的气氛。赞歌中同时还包括了许多民族风俗习惯的内容，能对青年人进行有效的礼仪传承教育。

如《人们感到很高兴》唱道：

上席的老年人像太阳，
他前面置放金子的桌子，
使人们感到无比慈祥；
中席的中年人像月亮，
他前面置放银子的桌子，
使人们感到无比轻松；
下席的青年人像群星，
他前面置放檀木的桌子，
使人们感到无比高兴。

土族人热情好客，每当家里有尊贵的客人上门，就要恭敬地将客人请到炕上，一边用醇香的酩馏酒和美味佳肴款待客人，一边用华美的赞歌热情洋溢地赞颂客人（图/保广元）

除了宾主相互赞颂的赞歌之外，还有歌颂家乡、祈祷好运和吉祥、表达祝福的赞歌，如《土族兴旺的吉兆》唱道：

西藏金色的佛殿里，

在那无上的狮座上，
供奉至尊的萨迦班禅，
这是佛法弘扬的吉兆；
汉地银色的宫殿里，
在那尊贵的象座上，
端坐威严的英明君王，
这是王法严明的吉兆；
土乡明亮的大房里，
在那白色的座位上，
坐着慈祥的父亲母亲，
这是土族兴旺的吉兆。

婚礼第二天一大早，娶亲人纳什金在闺门外扇动白褐衫襟边舞边唱："天上金鸡叫了，地上雄鸡啼了，新娘上马的时候到了。"以歌声催促新娘快点梳妆打扮，早早动身（图/辛元戎）

嬉笑哭骂皆成曲

土族婚礼歌是青海省非物质文化遗产，也是最具代表性的土族仪式歌。土族婚礼是歌舞剧式的婚礼，几乎每个仪式都有相应的婚礼歌，婚礼歌贯穿土族婚礼的整个过程。土族婚礼歌的内容十分丰富，包罗万象，土族的神话传说、天文地理、历法知识、伦理道德、风土人情等，都比较系统、完整地保存在婚礼歌中，土族婚礼歌还大量地反映着婚姻制度沿革、衣食住行、日常生产和生活等方面的内容，有着十分独特而深厚的文化意蕴。因地域不同，土族婚礼歌又主要分为互助土族婚礼歌和民和土族婚礼歌。

互助土族的婚礼歌，不同的歌曲需由特定身份的人演唱。

《思不吾拉》用优美的歌词礼赞土族神话传说中的神山（图/王存海）

歌 曲	演唱者
《接纳信妥偌》《唐德格玛》《纳信斯果》	女方家的阿姑们
《依姐》《谢玛罗》	迎亲纳信(娶亲者)
《拉隆罗》《东家门前舞曲》《希亚然》	送亲人
《的尕迭》《海姐》等	男方知客

这些歌贯穿土族婚礼仪式的始终，歌词内容有的活泼风趣，有的严肃庄重，有的隆重热烈。

民和土族的道拉数量很多，涉及土族早期的哲学思想、宗教信仰、天文地理、伦理道德、服饰、饮食、居住、生产与生活经验等各个方面。如反映土族创世哲学、宗教信仰和天文地理的婚礼歌有《混沌周末歌》《混沌年代歌》《人身包罗天地歌》《观天地》《拜五方》《二十四节气歌》等。民和土族婚礼歌的内容虽然丰富，但每首歌都有自己固定的曲调和歌词，也伴随着固定的仪式而演唱。

在新娘出嫁的晚上，阿姑们边唱边舞，要用本民族语言演唱很多歌曲，如《绣莲花》《切吉灭然》《切馒头》《八央九月》《包道拉尼亲道嘎》《五色鸟》《木吉鸟》《卡日卡吉盖》《黑色的燕子》《思不吾拉》《阿娜的模样》《阿丽麻》《上马歌》等。从歌词反映的内容上看，这些歌曲有一些与婚礼仪式有关，但大部分与婚礼仪式无关，更多是历代土族妇女心声的吐露，是她们生活和心情的真实写照。如《卡日卡吉盖》《黑色的燕子》《包道拉尼亲道嘎》等用哀怨的歌词表达了土族妇女婚姻生活的不如意，吐露了她们凄婉的情怀；《木吉鸟》《阿娜的模样》《阿丽麻》等则热情歌颂了土族妇女美丽的服饰和形象，表现了她们对自己民族服饰的热爱和爱美的天性；《八央九月》则用欢快的歌词颂扬了金秋的富裕，展示了丰收的快乐。

在民和土族的婚礼歌中，《思不吾拉》是一首流传很广泛、很有影响的歌。这首歌用优美的歌词礼赞土族神话传说中的神山，它这样唱道：

思不吾拉哟，
头上顶着蓝蓝的青天；
思不吾拉哟，
额上盘着无数的佛爷；
思不吾拉哟，

鼻子里闻见五谷的馨香;

思不吾拉哟,

嘴里衔着十二样的五谷;

思不吾拉哟,

耳朵上戴着银子的耳环;

思不吾拉哟,

眼睛就是那闪烁的亮明星;

思不吾拉哟,

左肩上担着北斗七星;

思不吾拉哟,

右肩上担着南斗六郎;

……

在这首歌中,"思不吾拉"的形象十分高大:它头顶蓝天,脚踩大地,左肩挑北斗七星,右肩担南斗六郎,左手拿弓箭,右手拿着毛笔砚台,左膝盖压着银质的纺锤,右膝盖压着四周的群山。显然,思不吾拉被人格化了,它顶天立地,主宰着整个宇宙,拥有着一切美好的事物,是土族人民心中巍峨高耸、吉祥富裕、神圣不可侵犯的神山。

《老媒嘶果》

《老媒嘶果》是骂媒歌,土族阿姑们在媒人和娶亲人娶亲时现编现唱,编了很多骂媒歌,她们用辛辣的语言嘲弄戏谑娶亲人,取笑他们的模样、动作,骂他们"像那野人一样,抢人来了吗?像那盗贼一样,偷盗来了吗?"还给他们出难题,让他们出洋相,媒人和娶亲人听了后不能生气,等阿姑们骂完、刁难完后还要给她们缝衣针和零钱,若不给则骂得更凶。

才华横溢的土族道把式们

土族人称歌为"道",歌手为"道把式"。在土族的乡野间曾涌现过无数优秀的道把式,但由于没有文字记载,历代土族道把式们的身影和歌唱隐没在了历史的漫漫夜空之中,只有那一首首至今仍传唱不息的动人歌谣展现着他们杰出的才华。值得庆幸的是,在土族的一些民间传说中,我们依稀能追寻到近现代土族道把式们的模糊身影,如斯藏沟·阿斯让、东彦·谢保、其汗达娃·加希、普同·斯适典、朱万成等。这些道把式们不仅精通土族地区所流传的赞歌,还唱中篇、长篇问答歌。

土族风情园里的演出(图/王存海)

他们由于酷爱民歌，把毕生的精力花在学唱民歌上，其毅力和记忆力十分惊人。

除了这些生长于民间又隐没于民间的老一代道把式们，党和政府也发掘、培养了一大批优秀的土族民歌手，如互助县的东明寿、刁斯让索、刁玉梅、马明珊、姚生全、湛明生，大通县的林生龙、龚尕吾、那景晟，民和县的喇明寿、吕晓明等，这些民歌手除了个别人在县文工团或群艺馆工作外，大多数人仍在农村务农，他们在集会、婚礼、宴席、花儿会等场合，或在省、县上举办的文艺表演活动中演唱土族民间叙事诗和传统民歌，在民歌日益远离人们生活的当下仍坚持着心中的梦想，传递着土族民歌的星星之火。

传唱在高原的叙事长诗

自然、社会、人生，都在叙事长诗里

土族具有深厚的叙事长诗创作传统，他们将自己对自然、社会、人生的认识与感知用叙事长诗的形式抒发出来，创作了较多颇具民族特色的叙事长诗。土族民间叙事诗内容丰富，题材广泛，依照内容和情节，可大致分为三种类型：第一种是英雄人物叙事诗，以歌颂土族和藏族传说中的英雄人物为主，代表作品有《祁家延西》《格萨里》《太平哥儿》。第二种是动物叙事诗，以动物为主人公，或表现牧业生产、生活场景，或用拟人化的手法表现母子之间的深情，代表性作品有《“合尼”赞歌》（异文称为《福羊之歌》）、《白鹦鸽》和《布柔有》。第三种是爱情婚姻叙事诗，反映土族人民的爱情婚姻生活，歌颂美好坚贞的爱情，表达反封建礼教的思想，代表作品有《拉仁布与吉门索》。这些叙事诗大都仍在互助土族自治县的广袤田野中传唱，尤其是《拉仁布与吉门索》，连互助土族风情园的歌手们都能唱几段，但也有些叙事诗的传承早已中断，如《格萨里》和《太平哥》均已成为历史的绝唱。

土族“梁祝”——拉仁布与吉门索

《拉仁布与吉门索》是国家级非物质文化遗产项目，被称为土族的梁山伯与祝英台，之所以获得这样的美誉，是因为它像汉族的民间传说《梁山伯与祝英台》一样，歌颂了一对土族青年男女生死不渝的爱情。这首歌唱道：

美丽、灵巧的吉门索爱上了给她哥哥当牧工的勇敢青年拉仁布，他们发下了“拉仁布呀吉门索，千年松柏栽在心，根深不怕狂风刮，叶实不怕暴雨打”的爱情誓言。然而，嫌贫爱富的哥嫂百般阻挠，一天夜里，狠毒的哥哥假扮吉门索的模样，杀害了拉仁布。当火化拉仁布的尸体时，大火烧了三天三夜都没有烧着，吉门索悲痛欲绝，赶到火葬场，将自己身上的服饰投入火中，但尸体仍燃不着，这时吉门索唱出了感天动地的爱情绝唱：“拉仁布哥哥你听着，你为什么还不着，你不着啊妹知道，希望妹和你永跟着。五尺的身子舍给你，一块儿烧到天荒和地老，五尺的肉身子投烈火，死也跟着情哥哥。”吉门索跳进去后，熊熊烈火立即燃烧了起来，两人的身子瞬间化为灰烬。狠心的哥哥将他们的骨灰分葬在河的两岸。不久，在河的两岸长出了两棵常青树，他们的枝叶竭力向河对岸伸过去，在河中间紧紧缠绕在一起。财主哥哥又千方百计砍倒了他们的爱情树，将树块扔进炕火里烧。这时，从烟囱里飞出了一对美丽的鹁鸪鸟，啄瞎了哥哥的双眼，翩翩飞翔在他们昔日相爱的草山坡上，千年万载，声声句句叫着哥哥，长年长日唤着哥哥。

在爱情观方面，这首诗表现出了重品貌才德、不以贫富左右情感、爱情专一等特点。拉仁布与吉门索都是青年伙里最出众的小伙子和姑娘，诗中赞美道：“拉仁布阿哥心直如箭杆，拉仁布阿哥心如白纸白，拉仁布阿哥歌如雄狮吼，拉仁布阿哥力能擒猛虎。”“吉门索妹妹心如明月长照耀，吉门索妹妹心如红珠灿烂红，吉门索妹妹歌声赛过黄莺，吉门索妹妹巧手绣花描龙凤。”

在诗中，拉仁布英俊、正直、勇猛，吉门索纯洁、漂亮、心灵手巧，他们都有好歌喉，这些恰恰是他们彼此吸引的地方，也是土族人民在日常生活中所推崇的品德。直到今天，正直勇敢的小伙子和善良美丽的姑娘都能在土族乡间赢得广泛的赞誉。

《拉仁布与吉门索》是一部现实主义和浪漫主义相结合的作品，深深地植根于土族传统文化和社会生活之中，是土族人民用集体力量和智慧创作出来的艺术杰作，反映着土族人民的情感与生活，具有浓郁的生活色彩和斑斓的民族色彩。全诗始终贯穿着山坡、草地、羊群、牛群、帐篷等表现牧业生产的词句，从侧面反映了土族社会从游牧业转向农业生产的历史。可以说，《拉仁布与吉门索》所包含的内容十分丰富，具有较高的民族学、语言学、社会学和历史学研究价值。

美丽富饶的河湟谷地便是这许多民间故事诞生的地方(图/祁文汝)

精忠报国的英雄颂歌——《祁家延西》

土族是中国56个民族大家庭中的一员，历来对中华民族有着强烈的认同感，具有爱国的优良传统，他们的民间叙事诗《祁家延西》歌颂了一位为维护国家统一、疆土完整而不顾年老体衰，率兵征战的老英雄。诗中叙述“洛阳城贼寇造了反，欺压良民恶如山，受苦的百姓受熬煎”。这时互助城里的祁土司祁延西“七十龄来奔八十，骑不住马来踩不住镫”。他为了维护国家安定和百姓安危，不顾即将临盆的妻子劝阻，毅然领兵出征。可是在征途中“出门遇了个秋甲子，连阴带下四十天”。西宁城的奸臣柴总兵故意拖延粮草，使祁延西兵困荒滩多天。在天降神鹿和神鱼的帮助下，祁延西克服重重困难，强渡黑水河，在三千多山羊的角上挂上红灯笼趁夜攻城，智取贼寇，大获全胜，但在归途中却遭到了柴总兵的暗害，万箭穿身而亡。此时，“天也哭来地也哭，飞鸟叫声也悲鸣，祁家兵将齐哭号，蓝天惨惨地阴阴”，天地同悲，连飞鸟也为英雄悲泣。祁延西的儿子长大后文武双全，知道了父亲遇害的真相，点兵攻打西宁城，最后杀死柴总兵为父报仇，并上金殿为父鸣冤，受到了皇帝的封赏。

《祁家延西》主要流传在互助土族自治县威远镇周围的土族村庄，这些地方原本是祁土司的属地。明清以来，以李英、李文、祁秉忠为代表的土族土司效忠于朝廷，为维护边陲安定，多次率军出战，屡立战功，受到了朝廷的嘉奖。土族人民以明代袭任西宁卫指挥同知、凉州副总兵、甘肃总兵等官职的祁秉忠土司为原型，根据其多次出征、英勇战死沙场的经历，口头创作了长篇英雄叙事诗《祁家延西》，代代流传，以示怀念。祁家延西这位堪与杨家将中的杨令公媲美的老英雄身上寄托着土族人对自己民族首领的追忆与赞美，他就像一个箭垛式的人物，集中展现了土族土司精忠报国、英勇善战的光辉形象和动人风采，体现了土族人民伸张正义、维护国家统一的大无畏精神。

土族民间音乐家

其汗达娃·加希是近代互助县东山地区的盲歌手，传说他为了学唱大鹏鸟之歌曾到一个经师那里跪了很多次，但经师一见加希来，念歌词时故意咬音不正，让人没法听清。不料经师的孙子们是加希的徒弟，他们悄悄地把加希带到家里，藏在经师禅房的屋檐下，偷听经师念大鹏经。加希听了一遍又一遍，将歌词牢牢地记在心里，然后编好唱词，教唱给他的徒弟们。经师听了很惊奇，十分佩服加希的记忆力和才能。土族民间还传说加希曾从老家流浪到多思代的油房里，受到当地名歌手贾化儿子的热情款待，便连着三天三夜教其唱歌。贾化的儿子回到家后向父亲挑战，将父亲问得无词对答。贾化便猜出儿子是遇到了加希才能唱败自己，为儿子的机遇而高兴。这个传说也从侧面说明了加希渊博的知识和高超的民歌才能。

朱万成是当代土族民间音乐家，民和县官亭镇人，懂土、汉、藏、蒙四种语言，民国时期曾先后在重庆、甘肃临夏、西宁任音乐和国文教员。中华人民共和国成立后，长期在西藏工作，20世纪60年代末回到民和三川老家，致力于土族民间歌曲的搜集、整理和研究，并用土语作词谱曲，自编自演，先后创作了《打核桃》《摘花椒》《阿妈的模样》《上党花》《漂亮的拖拉机》《拔草》等20多支新编歌曲和舞曲，在唱法上打破了三川土族长期用汉语演唱的传统，深受当地民众的喜爱，尤其是《阿妈的模样》成为了三川地区妇女人人爱唱的民歌。朱万成创作的这些新编民歌曾多次在县、海东地区群众文艺表演中夺冠，获得了广泛的赞誉。1988年，朱万成病故，享年74岁。

三川女道把式（图/胡芳）

扫描二维码欣赏民歌
《祁家延西》

《拉仁布与吉门索》中的动人诗篇

《拉仁布与吉门索》的诗句如生长在高山顶上的山丹花，有着震慑人心的美丽和质朴，散发着感人的艺术魅力，如吉门索赶到火葬场后对着死去的拉仁布所唱的歌词：

“哥哥哥哥呀你听着，
吉门索妹妹看你来了，
我为你什么都割舍，
我为你什么都舍得。

头上解下红头绳
红头丝绳太阳红，
太阳明天还能出，
阿哥死去不再活。

这条红头绳送给你，
陪你火里烧成灰，
今生不能系一起，
来生红线再系住。

头上摘下红顶帽，
帽面上绣着千层牡丹，
牡丹似珠红艳艳，
碧叶似玉绿油油。

这顶帽子摘给你，
放到火里陪你烧，
这生不戴留给你，
来生我俩并头戴。

发上拔下银簪簪，
簪上盘着一条龙，
顶头宝石发亮光，
银龙想要上天空。

这把银簪簪摘给你，
陪你火里烧成灰，
今生不能成婚配，
来生和你配成双。

耳上取下金耳坠，
一对耳坠黄金黄，
两条金鱼儿嘴对嘴，
黄金穗儿索落落。

这对耳坠摘给你，
陪你一块到阴司，
阳世不能结夫妻，
阴间和你成夫妻。
……”

“帽面上绣着千层牡丹”，诗中也提到了土族女子头饰的特点(图/王玫)

撰稿专家

胡芳，土族，青海省社会科学院文史研究所文学研究员，中国土族研究会理事，著有《土族社会发展现状调查研究》《草原王国吐谷浑》《三川土族纳顿节》等。

《土族神话的分类及其内涵》

扫描二维码，
阅读专家代表著作的电子版

身着彩虹花袖衫的土族女子正在绣花(图 / 王玫)

第5章

民族特色的审美世界

服饰与艺术

本章主撰稿人：青海省社会科学院研究员　毕艳君

从原始人类心智发展出自我意识起，人们就开始用皮毛、树叶、贝壳等各色饰物装扮自己，装饰家园，并渐渐发明了借助各种材料和工具进行编织、缝纫、刺绣的多种技艺，将当时社会人类的审美意识呈现在服装饰品上。而当神佛世界在人们的社会生活中占据重要地位后，人们又将人力所能呈现的最极致的美和繁华都毫无保留地奉献给神佛，并且远胜人类自身的装扮。因此，要了解一个民族和社会的审美意识，领略他们呈现审美的高超技艺，便一定要从他们自身及其神佛世界的装饰中去寻找。

服饰作为族群区别的标志，是随着氏族、部族、民族的产生而产生的。少数民族特殊的生活方式使其服饰中积淀着历史的、文化的、社会的、习俗的、宗教的诸多内涵。土族传统服饰绚丽多彩、风格独特，不仅凝聚着土族人民的智慧和创造，反映了他们改造世界和开创美好未来的理想和愿望，而且在与人们现实生活的密切联系中，将本民族的审美意识形象地展示出来，充分表现了土族人民对美的执著追求。

土族服饰融畜牧及农耕文化特征于一体，风格独特，绚丽多姿。作为民族文化的遗存之一，土族服饰文化记载着本民族变迁史上许多重要的文化信息，从物质文化和精神文化双重层面上折射着土族在成长过程中吸纳其他民族文化、构建本民族文化中形成的种种文化形态，是观照民族文化的一扇重要窗口。作为民族文化的表征，它同时也是土族民族性格、心理的折射。

自然美的摹拟和观照

风格独特的七彩花袖衫

哪里有土族，哪里就有花袖衫

在土族服饰中，七彩花袖衫作为土族的族徽之一，有着标识的作用，是这一民族成员共同的身份标志。妇女一般穿绣花小领斜襟长衫。两袖由红、黄、橙、蓝、白、绿、黑七色彩布圈做成，鲜艳夺目，美观大方。这种长衫俗称七彩袖，土族语称作秀苏，意为“花袖衫”，为土族妇女服饰的象征。

花袖衫的衣袖从最底层数，第一道为黑色，象征土地；第二道绿色，象征青苗青草；第三道黄色，象征麦垛；第四道白色，象征甘露；第五道蓝色，象征蓝天；第六道橙色，象征金色的光芒；第七道红色，象征太阳。

花袖衫中的七彩来源于土族对自然的崇拜，因为红色象征的太阳、绿色象征的草原、黑色象征的大地等，都是大自然中的事物，土族出于对自然的这种敬畏和热爱，用有不同含义的颜色妆点服饰，表达了他们对自然的原始崇拜。而随着社会的发展，传统的“七彩花袖衫”已演变成今天的“五彩花袖衫”。在土族人的眼里，蓝色

土族妇女的彩虹花袖衫（图／保广元）

重要的节日里,母亲会给姑娘的礼帽上插花,把她打扮得漂漂亮亮的(图/王玫)

表示尊贵的黑色常常为年长者所用,一般老年人的袍子为黑色,所戴的帽子也为黑色(图/保广元)

象征蓝天，红色象征太阳，于是爱美的土族妇女就把蓝天和太阳穿在身上，她们的衣袖用红、蓝、黄、紫、黑五色布圈组成，色彩艳丽夺目，极富民族特色。也有传说这种服饰是土族先民受彩虹的启示后精心设计制作而成的。彩虹瑰丽、和谐的色彩，出现和消失的神奇，强烈吸引着土族先民，成为他们崇拜的对象，土族也因此而被称为“穿彩虹花袖衫的民族”，土族人民聚居的地方被誉为“彩虹的家乡”。

女子礼帽，插有颜色鲜艳的绢花，在节日盛会或走亲访友时戴（图／《河湟珍藏》）

与花袖衫相配的服饰有黑、蓝色或紫红色镶花边坎肩，绣花头散带，绣花鞋，织锦、花边、金丝等镶边的毡帽，灵巧多样的小配饰等。土族妇女着此服饰艳丽夺目，美观大方，婀娜多姿，独具风格，表现了非凡的审美观和艺术匠心。

土族不同区域的服饰也不尽相同，各具特色，同仁土族妇女长袍仅及膝下，右衽，花色镶边。特别处在于衣领和开衩，圆领如围肩，宽15—18厘米，犹如古代服饰中的圆形披肩，左右边开衩，不系腰带（现今也开始出现系彩色短带而束结于腹前），走起路来袍襟摆动，如蝶翅蹁跹。部分地区的土族妇女也穿着藏式女装，如单、棉“盘袄”，其边饰以档子花氆氇、织锦花边及水獭皮，上套紫红坎肩等。近现代土族妇女中最流行“秀苏”，她们无论料理家务，田间劳动，回娘家走亲戚或逛会场，还是进城观光、购物，都习惯穿戴“秀苏”。在喜庆佳节之际，处处可见五彩缤纷的土族阿姑们装点着土乡的村庄城镇。

土族人民在服饰色彩的运用中表现出了独特的个性。首先，他们喜欢用缤纷的五色来装扮衣袖，这种大胆活泼的用色，给人强烈而又和谐的美感。受藏传佛教的影响，土族先民表现出对五色浪漫的艺术审美心理。除了在衣袖上用五色来装扮以外，在土族刺绣中，也常常用五颜六色的丝线构成各种图案，通过色与色之间的过渡，产生类似于音乐中优美旋律的感觉。在色彩运用中，他们喜欢强烈的对比色。比如土族男子扎一种上白下黑的绑腿带，称为“黑虎下山”，在刺绣中也一般用黑布做底子，边上要用白线绣上花边，通过黑色和白色的对比造成强烈的反差，从而形成独特的美感。民和地区的土族妇女喜欢用绿袄配红裙，互助、大通的土族青年妇女头戴绿色或者灰色的呢礼帽，上面插上大红或粉红色的绢花，也是通过色彩的反差来展现美。这种色彩运用既反映出土族人民特有的审美意识，同时也是服饰的审美功能之一。

土族服饰中蕴含着丰富的民族历史渊源、宗教信仰、生活习俗及民俗文化成分，具有较强的民族文化内涵和较高的审美价值，是土族民族精神凝聚的物质象征。

土族服饰包括各式服装、鞋、帽、头饰和佩饰，种类繁多，具有独特的结构式样和艺术特点，是土族传统文化的重要组成部分。在色彩运用中，表示尊贵的黑色常常为年长者所用，老年人的袍子为黑色，所戴的帽子也为黑色。土族老年妇女一般身着黑色的长袍，不穿花袖衫。而年轻男子戴的帽子多数为白色，年轻女性戴的帽子则以绿色及灰色为主。这几种颜色作为一种标记，在不同程度上反映了人们各自的年龄段，也是一种形象的标志。而妇女裤子膝下部分套着一节蓝色或黑色的裤筒，土族语称“帖弯”。帖弯颜色则是标志社会成员社会角色的不同。土族已婚妇女裤腿帖弯的颜色是黑色镶蓝边，而未婚少女的裤腿帖弯颜色是红色镶白边。通过帖弯的颜色，我们就能很清楚地知道土族女性的婚姻状况。所以说，颜色在土族的身份识别过程中起着不容忽视的作用。

集服饰艺术之大成的头饰
——扭达尔

土族妇女讲究头饰，土语称“扭达尔”，样式复杂，各地不一，有拉锦锁毡帽、礼帽、包头、“布特”、额箍等。过去有所谓“三叉头”“干粮头”“羊腔头”“簸箕头”“马鞍翘”等八九种。现在，繁多的头饰已不多见，代之而来的是一种新的简便头饰：已婚妇女梳两根发辫，以珊瑚、松石等缀饰，再戴以美观大方的织锦镶边卷檐毡帽，显得雍容华贵；未婚姑娘通常梳一根或三根辫子，扎红头绳，系一块海螺片，头戴一条绣花头巾，显得活泼、秀丽。每当喜庆节日，能歌善舞的土族青年男女，身着艳丽的民族服装，把庭院、山乡点缀得五彩缤纷，犹如山花一般。

“扭达尔”一词，在土族语中泛指土族妇女头饰，式样繁多，普及面较广。扭达尔系列主要包括过去曾盛行于青海省民和县三川土族聚居区的“素不都扭达尔”，互助县、大通县土族聚居区的“吐浑扭达尔”“那仁扭达尔”“洛典扭达尔”等，上述不同地区的扭达尔，极具地方特色，造型各具特色，款式别致多样，色彩绚烂。如青海省互助土族自治县红崖子沟土观村一带的“托欢扭达尔”，正面形似圆饼，亦叫做干粮头；“绊绊切扭达尔”，因其背面很像啄木鸟的羽冠，故有此称。互助县其他地方的扭达尔，如哈拉直沟索卜一带的“索卜斗扭达尔”；那楞沟一带的“那仁扭达尔”，后部都饰有三支箭似的物件，所以又称三叉头；“适格扭达尔”形大且似簸箕，所以又称做簸箕头，等等。扭达尔形式多样，又具有鲜明的地域特色，充分显示出土族人民独特的审美情趣和精湛的创造技艺。

土族妇女在二十世纪三四十年代以前都佩戴扭达儿。未婚姑娘两鬓梳小辫子，中间梳一条大辫，三条辫子合编在后面，用绯红色头绳扎紧，系一海螺形发髻，头盖一条绣花头巾，婚否一目了然。姑娘一到结婚年龄，家人就专门请匠人到家中为女儿剪裁嫁衣、制作扭达尔，作为女儿出嫁时的陪嫁。土族妇女的扭达尔多用红黄绿三色，清新协调，色彩鲜艳别致，形制各异，并且佩戴扭达尔也有诸多讲究，其主要目的是镇魔驱邪，同时也标志着已结婚成年（别有意味的是老年妇女很少戴扭达尔）。各地区佩戴的扭达尔造型式样也有所不同，都有自己的特点，但大多数用红黄丝穗、红棉绒绳和金银箔纸等材料，所用的材料经济适宜，在色彩处理上，通常喜欢用红、黄、黑、紫诸色，清新协调且色彩鲜明，同时多注重造型效果，充分利用珊瑚、贝壳、松石的颜色在一些关键性局部处理上，起了画龙点睛的作用。

“适格扭达尔”形大似簸箕，所以又称为簸箕头（图/《河湟珍藏》）

“加斯扭达尔”因为形似马鞍，被称为“马鞍翘”（图/《河湟珍藏》）

右上图:“那仁扭达尔”后部饰有三支箭似的物件,所以又称三叉头(图/《河湟珍藏》)
左图:“托欢扭达尔”正面形似圆饼,亦叫做干粮头(图/《河湟珍藏》)

在处理局部的工艺中,土族妇女擅长刺绣、盘绣,用所喜之色盘和绣出各种寓意深刻的图案花纹,使扭达尔线条鲜明,栩栩如生。土族妇女佩戴的这些扭达尔顶样式别具,个个风姿多彩,有的华丽高贵,有的典雅大方,也有的古朴庄重,表现出了土族人民卓越的创造力以及独特的审美情趣。

土族服饰在伴随这个民族的漫长的演进过程中,逐渐吸收借鉴周边其他民族服饰的特点,又结合自身的审美认识进行不断的加工和改造,形成了醒目的民族标志。从款式造型、色泽搭配、纹样设计等方面既有显著的地域文化特色,又有特殊的审美风韵,具有刚健婀娜的审美风姿。

旧照片里的适格扭达尔(供图/保广元)

头饰

凤凰头饰:主要流行于青海省民和县三川地区和甘肃卓尼土族地区。民和三川地区的凤凰头饰俗称“凤凰三点头”或“凤凰单展翅”,亦称“首帕冠”,是扭达尔系列中“素不都扭达尔”的一种。其基本样式如额箍,以布或绸缝制,上面密缀珊瑚,额前部分制成珊瑚流苏,头顶部分用金、银丝制成凤凰形状,妇女头戴此“首帕冠”款款行路时,头顶凤凰袅袅,额前流苏颤颤,摇曳动人,风姿万千。

金花头饰:是青海省民和县三川土族聚居区土族姑娘出嫁时的一种头饰。该头饰做法是:将头发中分向后梳,再以前后两匝盘结成发髻并用红头绳固定,发髻挽成后,遍插各式绢花。金花头饰继承了土族先民“首戴金花冠”“金花为饰”的遗俗。今天,青海省互助土族自治县土族妇女礼帽上的插花习俗就是这一古老头饰习俗的遗存。

古朴多样的刺绣艺术

刺绣是土族姑娘的必会技艺

从小练针，长大显艺

土族是擅长刺绣的民族，民间对土族姑娘的审美标准中就有“一看茶饭、二看针线”之说。过去的土族姑娘从七八岁开始就学习刺绣技艺，经过几年的苦练，她们掌握了民间刺绣的基本功，从简单的针扎、荷包、衣领、围兜、腰带，到大型的人物、山水、佛像等都能刺绣。至成年时，她们的刺绣技能往往能达到精湛程度。这种习俗促使许多土族女孩子从小就跟随母亲、姐妹练习针线活计。在传统的婚礼中还有摆针线的仪式，即新娘到了新郎家，要在筵席告一段落后，展示从娘家带来的枕套、枕顶、鞋、袜及各种刺绣品，馈赠给婆家至亲或同宗各房长辈。摆针线礼仪既是对新娘针线手艺的一次检验，也是刺绣技艺的一次交流。围观的人们对各类绣品评头论足，当然，出现在婚礼上的绣品往往也是精品，其色彩艳丽、技法精湛、构图精致，令人目不暇接。这一习俗也说明土族对刺绣的喜爱以及刺绣品在土族生活中的重要性。

土族妇女巧手绣制的各种用品（图／王玫）

美化服饰，无处不在

土族刺绣作为美化服饰的重要技艺，存在于土族服饰的角角落落。衣领的装饰、袖口的镶边、腰带头的绣花、衣襟、鞋帮、袜跟、鞋垫都有刺绣。土族妇女用平绣、盘绣、锁绣、网绣、剁绣、辫绣手法在服饰上造成局部花边装饰、立体镂空等神奇的审美效果，甚至还大胆地将一些精美绣品佩戴在胸前或是悬挂在腰带上，显得环佩叮当、婀娜多姿。在纹样设计上，多喜欢用色彩鲜艳的花卉、凤凰等构图，以变形夸张的手法，突出局部，并达到与整体的和谐，显示其独特的审美心理。如胸襟上绣有“转魁子”“五瓣梅”“太极图”等具有宗教色彩、饶有民间情趣的图案；围肚上绣有“孔雀戏牡丹”“石榴花”“寒雀探梅”“狮子滚绣球”等颇具传统文化内涵的图案；五颜六色的绣片、针扎、香包上，绣有仙桃、牡丹、佛手等吉祥、祝福图案。常用的针法有三种：平针、掺针、插针。平针以“平涂式”的色彩效果，使画面整体均匀、平稳；掺针以“晕染式”将画面颜色深浅过渡自然，有光泽，质感强；插针则以“点缀式”使画面局部华丽、活跃。

土族妇女的绣花大包腰带，是其刺绣技艺的代表作之一。大包腰带两头的腰带头构思巧妙，针法娴熟。最常用的构图多采用“卐”字形为基础连续变化而成的花纹，“卐”字层层伸延不断变化，被称为“富贵不断头”，认为能带来源源不断的吉祥如意。佛教认为“卐”字是释迦牟尼胸部出现的“瑞相”，藏族、蒙古族、土族将它当作“万德吉祥”的标志而顶礼膜拜。在土族文化中由于它代表了吉祥，所以逐渐走下神坛，成为普通人的吉祥装饰物。“富贵不断头”纹样中既渗透着宗教意识，又显示着审美情趣，是难得的艺术精品。

上图：互助土族麻宝琴作品：寒雀探梅、佛手石榴（图／高延滨）
下图：阿妈在向年轻的土族姑娘传授刺绣技艺（图／保广元）

审美中显实用，实用中见审美

土族民间刺绣的用途广、种类多，主要是用来装饰和美化自身及其他生活用品，它既有实用价值也有审美价值。土族刺绣大体可分为四种类型：一是实用类，主要有枕顶、辫筒、兜肚、针扎等，这是刺绣的主体。这类绣品既实用又美观，如鞋尖绣花观赏性强，又耐磨。二是礼品类，主要有袜子、裤带、钱包、荷包等，是妇女赠送亲友、情人的佳品。这类刺绣品是青年男女爱情的信物，肩负着传情达意的使命。真挚的爱情在女性手中化成千针万线，再加上极富象征意义的构图，含蓄委婉地表达着她们的深情厚谊。而一个拥有精美绣品的男子也以此骄傲地炫耀自己有个手艺不凡的情人，凡此种种，使绣品超脱了实用、观赏的层次，成为具有象征意蕴的审美物象。三是礼仪类，主要用于寿幛和挽联。四是宗教类，主要用于装饰佛像和寺庙殿堂。这与土族信仰藏传佛教有关，宗教意识深深植根在土族人民的心中，他们以一针一线表达着对神佛的虔诚和企盼。佛像绣品威严、庄重，闪烁出肃穆的光辉，曲折地表现出她们精湛的技艺和充满智慧的创意。

土族刺绣在取材上也因用途、种类的不同而有很大的差别，甚至严格的禁忌。例如枕套、枕顶多取材于花草树木、虫鸟鱼兽等，老年人使用的枕套上有松鹤图、福禄寿禧等，非常符合老年人的心理，也表达着对老年人幸福、安康、延年益寿的祝愿。孔雀戏牡丹、粉蝶扑莲花、金鱼穿莲、凤凰展翅等就非常传神地表现了男女恋情，成为新房里各种绣品上的必有图案。而在姑娘的闺房里就多用绣着花朵、树枝、绿叶、彩蝶等物象的枕套、墙围、门帘等，象征姑娘的纯洁、美好。另外还有一些表示吉祥如意、幸福平安、多子多孙的绣品

麻宝琴制作的鞋垫，传统的绣品常常有着很强的实用性，是生活与艺术的结合（图／高延滨）

和极富宗教色彩的有辟邪意义的“八瓣莲花”“吉祥云雾”“太极图”等，充分表现了土族人民对生活的美好憧憬与祝愿，表现了土族人民群众向善向美的强烈愿望。还有一些绣品中保存着龙、凤、孔雀等造型，显示出土族与汉族文化的交流和融合。

土族独有的盘绣技艺

据考古发现，在青海省都兰县发掘出的土族先祖吐谷浑墓葬中就有类似盘绣的刺绣品，由此可以推知，在公元4世纪左右，盘绣工艺已经发轫。土族妇女擅长刺绣，盘绣是其刺绣艺术中的经典之作，已成为土族传统文化不可或缺的重要组成部分和标志，具有鲜明的民族特色。土族盘绣在一千多年的传承中，形成了民俗学、美学等多种价值。

盘绣是土族独有的一种绣法，复杂巧妙，汇集着古老土族文化的深刻内涵。土族花袖衫是土族刺绣，尤其是盘绣技艺最集中的反映。盘绣是将数根丝线搓成细绳，用绳线盘绣出图案，有较强的立体感。盘绣的操作方法为一针两线，一根线盘，一根线钉，特点是针法细腻，用面料、选丝线的颜色搭配讲究，结实厚密、耐于保存，图案主要有石榴、五瓣梅、太极图等，蕴涵着家庭兴旺、幸福长久等吉祥含义，有着千余年的历史。

盘绣用料考究，加工精细，以黑色纯棉布做底料，再选面料贴上。盘绣是丝线绣，有红、黄、绿、蓝、桂红、紫、白等七色绣线，绣时一般七色俱全，配色协调，鲜艳夺目。

盘绣的针法十分独特，操针时同时配两根色彩相同的线，一作盘线，一作缝线。盘绣不用绷架，直接用双手操作，绣者左手拿布料，右手拿针，作盘线的那根线挂在右胸，作缝线的那根线穿在针眼上。上针盘，下针缝，一

互助土族老人麻宝琴展示她母亲绣的长 2 米的腰带，是她结婚时的嫁妆（图 / 高延滨）

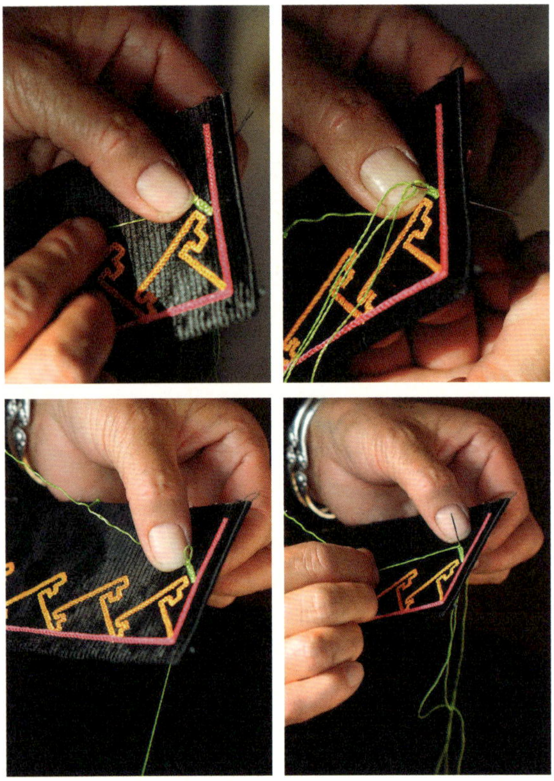

精巧的互助土族盘绣针法（图／高延滨）

针二线，虽费工费料，但成品厚实华丽，经久耐用。

盘绣的图案构思巧妙，具有浓郁的民族风格，包括法轮（土语称为“扩日洛”）、五瓣梅、神仙魁子、云纹、菱形、雀儿头、富贵不断头、人物、佛像等几十种样式。最常见的图案有“八宝”“云气”“太极图”“孔雀戏牡丹”“狮子滚绣球”“鼠拉葡萄”“寒雀探梅”“石榴花”以及十二生肖等。运针细密均匀，图案紧凑大方、生动形象、疏密得当、融叠自然、色泽鲜明流畅、平整干练，十分优美。每件绣品都是精美的艺术品，具有极高的观赏和收藏价值。

一千多年来，盘绣以母女相传为主，亦在姊妹、妯娌、婆媳间传承。现代主要传承人有麻宝青、牛玛索等。土族盘绣一直传承至今，其文化与艺术的价值不可低估。土族盘绣色彩缤纷，图案逼真，在形、色、质、意等方面体现出本民族的审美态度和价值判断，为民族学、美学等的研究提供了鲜活的材料。

1949年以后，特别是近二十几年来，虽然各级政府部门和有关人员对土族盘绣做了一些发掘、抢救和保护工作，但这一古老的民族技艺至今仍面临着传承困境。目前老一辈的盘绣能手大多年事已高，还有不少人已经谢世，一些绝技得不到传承就已悄然消亡，而年轻妇女多热衷于较简单的刺绣技术，如剁绣、机扎等，这些状况造成盘绣艺术后继乏人，濒临灭绝，急需调动各方面力量加以抢救、保护。

2006年5月20日，土族盘绣经国务院批准列入第一批国家级非物质文化遗产名录。2007年6月5日，经国家文化部确定，青海省互助土族自治县的李发秀为该文化遗产项目代表性传承人，并被列入第一批国家级非物质文化遗产项目代表性传承人名单。

玲珑精致的绣花鞋

《皇清职贡图》题记所示，土族妇女多“裹足著履”，民和三川地区尤甚。三川土族受周边汉文化影响颇深，裹足现象即是一例。二十世纪三十年代，朱海山先生宣传“缠足是封建社会产物”“不缠足是文明”等新思想，在三川开展了禁止妇女裹小脚运动，在此活动的影响下，三川土族妇女开始逐步放脚。目前“三寸金莲”的小脚只见于70岁左右的老年妇女中。土族人在接受了裹足这一封建落后的习俗后，制作精美的小鞋，以满帮绣花为特征，鞋尖微微上翘，顶部绣有彩色花朵，老年土族妇女的鞋以素色为主。鞋底桃形做工厚实细密、结实耐磨，便于行走。玲珑精致的小绣鞋，也成为土族早期刺绣艺术的主要遗存之一。

精美的绣花鞋

（图／高延滨）

土族盘绣国家级非物质文化遗产项目代表性传承人李发秀
展示土族服饰正面和背面(图 / 高延滨)

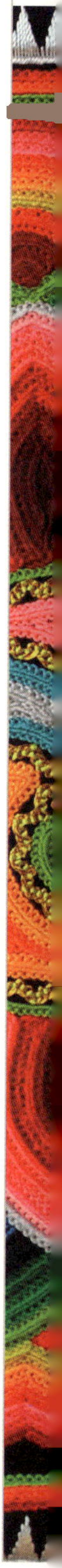

佛寺与民间共有的堆绣艺术

堆绣是一种运用“剪”“堆”技法塑造形象的特殊艺术，用各色棉布、绸、缎剪成所设计的各种图案形状，精心堆贴成一个完整的画面，然后用彩线绣制而成。其工序有图案设计、剪裁、堆贴、绣制，个别图案部分上色等。堆绣以堆贴为主，绣制为辅。其特点是色彩绚丽、对比分明、质感饱满、做工考究，具有很强的鉴赏性和工艺性。堆绣分平剪堆绣和立体堆绣两种。平剪堆绣是将剪裁成的各色布料图案堆贴在设计好的白布上，再用彩线绣边即成。立体堆绣是在剪好的图像内垫上棉花或羊毛使图形凸起，然后粘绣在对称的布幔上，再将堆绣好的不同形状的图像用绣缎联成一个巨幅画卷，构成一组完整的画面，所堆绣的形象富有立体感和真实感。

堆绣最初是由刺绣发展而来，但用料和刺绣完全不同。堆绣的原料主要是真丝锦缎，工艺过程也比较复杂。首先，把要绣的图案等内容画在纸上，然后把各部位图样剪下来，选好相应花色的锦缎，照样剪下来，分组粘贴、熨烫、缝合，由于面部和头部较小，很难堆贴，所以，将堆贴和绘制结合起来。最后将完整的画幅组装在白布上，缝一块与堆绣面积相同的黄缎护帘，罩在上面。

表现宗教内容的平剪堆绣（图／王玫）

土族堆绣具有浓厚的地方特色和民族特色，手法多样。互助土族的民间手工艺、同仁的热贡艺术、塔尔寺三绝中都有堆绣的影子。在纹样图案上既有传统民间图案，如绳纹、云雷纹、水纹、卷草纹及团形球花图案、菱形、方形几何图案，以及人物、日月、花草、虫鱼和飞禽走兽等图案，也有佛教题材图案。

互助土族堆绣成品多以服饰和棉、毛、化纤等日用品为绣物，服饰方面有辫筒、腰带、鞋袜、领口、头箍、围肚等；生活用品方面有枕顶、烟袋、钱包、针扎、荷包、刀鞘等，这些刺绣用品，大多是作为礼物和信物馈赠亲友和情人的。塔尔寺和热贡的堆绣则以佛像挂毯为主，其中最富盛名的是收藏在塔尔寺大经堂的《十八罗汉》《蟠桃盛会》等。

年都乎村村民制作堆绣，先把要绣的图案等内容画在纸上（图／胡芳）

唐卡艺术大师的摇篮——热贡

僧侣与百姓共享的艺术

集美善于一体的彩绘——唐卡

公元9世纪，唐卡随着藏传佛教的传播传到青海等地。经过近千年的发展，最有特色的是有“火一样的安多唐卡”之称的青海热贡唐卡，其在造像、线条、色彩、构图和装饰等方面，都在继承藏唐卡传统流派的基础上，融合了汉绘画的精髓，形成了细腻圆润的精美风格。

西部的唐卡艺术虽然在本教时期就已经存在，但它的勃兴和佛教的传入特别是藏传佛教的传播有着不可分割的紧密联系。它是当地民族的传统民间艺术和佛教文化的高度结合。

唐卡是把各种佛像和图画画在布料上，然后用彩

娘本大师作品 — 黑唐卡白度母。唐卡多取材于佛经、佛本生故事，多绘制佛教主要人物，菩萨、度母、护法神等（图／王玫）

绘制唐卡的颜料多为天然的植物矿物(图/田甜)

缎装裱而成的卷轴画,大小不同,一般在寺内的栋梁和墙壁上悬挂。唐卡的品种和质地多种多样,但多数是在布面和纸面上绘制的。而更高级的有珍珠唐卡、彩绘、刺绣、织锦、缂丝、提花、贴花和宝石缀制等约十余种。彩绘的唐卡颜料以金粉、银粉、朱砂、雄黄等矿物颜料为主,也有用植物颜料相配的。

唐卡多取材于佛经、佛本生故事,多绘制佛教主要人物,如菩萨、度母、护法神等。观照唐卡艺术时,其鲜明的宗教属性一览无遗,而它们所负载的体现宗教内涵、宣扬宗教教义的使命也正好成为这种艺术的特殊性所在。几个世纪以来,它遵从着“三经一疏”(即《佛身影像相》《画法论》《身影量像相》三部经和《等觉佛所说身影量释》一部注疏)的严格规范,始终高举着为宗教服务的旗帜,履行着为宗教而艺术的使命,所以它更多地释放着神佛的灵光。一代代绘画大师们往往是笃信灵魂不灭,相信因果报应、轮回转生、修行成佛的僧人或信徒,当他们虔诚地拿起画笔时,总渴望能通过自己的神笔体现佛的至善至美。佛的精神糅合画师的情感,艺术与宗教完美结合时,宗教艺术的美就成了信仰的对象。

土族唐卡绘画大师娘本与热贡画院

娘本是著名的土族唐卡绘画大师,人类非物质文化遗产——热贡艺术国家级代表性传承人。由于从小深受吾屯上寺和下寺佛教绘画艺术的感染和熏陶,12岁的娘本跟随中国工艺美术大师夏吾才让学艺,从事热贡艺术唐卡绘画和藏传佛教艺术的研究工作,并成为夏吾才让大师最杰出的真传弟子。

在长期的艺术创作实践中,娘本在继承热贡艺术传统风格的基础上积极探索,大胆创新,吸取各家所长,借鉴夏吾才让大师作品中的《敦煌飞天》和西藏唐卡的色调风格,融合热贡唐卡的用金技艺和汉族工笔画技法,逐步形成了自己独特的唐卡艺术风格,成为热贡唐卡艺术转型阶段最具代表性的人物之一。娘本创作的唐卡作品《释迦牟尼》《无量寿佛》《千手千眼观音·黑金》《释迦牟尼生平图·黑金》《三世佛》《释迦牟尼与十八罗汉》《黄财神》等50多幅作品荣获了国家级和省级大奖,其中部分唐卡作品分别被中国国家博物馆、中国美术馆等机构收藏。娘本向世人展示了热贡唐卡的艺术魅力,给热贡唐卡艺术赢得了至高的评价和赞誉,为有力地推动人类非物质文化遗产热贡唐卡艺

上图:传承传播唐卡绘画艺术的热贡画院(图/田甜)
左图:娘本创立的热贡画院已是国家级非物质文化遗产生产性保护示范基地(图/田甜)

热贡艺术国家级代表性传承人娘本正在进行唐卡绘制(供图 / 娘本)

术的保护、传承和发展做出了积极的贡献。

2006年8月1日,娘本创办了青海省黄南州热贡画院并担任院长,致力于保护、传承和发扬热贡艺术,培养热贡艺人等。2008年6月我国的第三个非物质文化遗产日时,“热贡”地区被列为继闽南、徽州之后的第三个国家级文化生态实验保护区。2009年10月,热贡艺术被正式列入《人类非物质文化遗产代表作名录》。2012年在热贡画院原有建筑的基础上,娘本又扩建了“青海热贡唐卡艺术馆”,对热贡唐卡艺术生产中保护、保护中传承、传承中发展发挥了较好的作用。

热贡唐卡大师娘本小问答

“热贡唐卡”与唐卡之间是什么关系?

唐卡是“流行于藏区的一种宗教卷轴画,通常绘于布帛与丝绢之上,是西藏地方绘画的主要形式之一”(《西藏历史文化大辞典》)。这里的“西藏地方”指的是中国藏区。“热贡”是地名,指的是青海省的同仁县,“热贡唐卡”就是热贡地区的艺人绘制的唐卡。藏族唐卡艺术是个庞大的绘制体系,也有不同的艺脉体系及派别,热贡唐卡的鲜明特点在整个唐卡艺术中是独树一帜的。

热贡唐卡有着何种显著特征,即与其他种类唐卡的明显区别?

热贡唐卡具有自己独特的风格,主要体现在:用笔精细而神韵毕现,形象栩栩如生;取景布局,视野广阔,用鸟瞰全局的透视手法,把远近景物组织在一个画面里,而各景物间又有它自身的透视关系,构图饱满、物象密集、很少有大面积的空白;其色调热烈奔放、设色鲜明、对比较强,而局部又过渡自然,使用矿物颜料永不褪色。大量用金线、金点勾勒是热贡唐卡的又一亮点,热贡唐卡是唐卡艺术中的精工绝技,已达到出神入化的境界,热贡唐卡与其他种类唐卡的明显区别是热贡唐卡的金线勾勒特别细腻、精湛。

因佛而生,因佛而美

在藏传佛教广泛传播的这片土地上,土族中也出现了许多优秀的唐卡画师,尤其是在被称为热贡艺术之乡的同仁县,唐卡绘画大师更是代代辈出。这里是已故著名唐卡大师夏吾才让的家乡,也是启加、更登达吉、西合道、斗尕等中国工艺美术大师的故乡。这里的唐卡突出藏族、土族民族特色,是雪域文化和中原佛教艺术完美结合的一种独特的艺术形式,是当地藏传佛教绘塑艺术的主要代表,距今已有700多年的历史,内容包括绘画、雕塑、堆绣、图案、建筑装饰、版画等门类,多见于寺院建筑。所用颜料多为矿物质材料,故

一家四代传画艺

夏吾才让大师1922年6月出生在青海省黄南州同仁县的吾屯上庄，土族。1979年在全国第二届工艺美术艺人、专业技术人员代表大会上，被选入主席团；1988年在全国第三届工艺美术艺人、专业技术人员代表大会上，被授予“中国工艺美术大师”的荣誉称号。夏吾才让先生的家乡吾屯上庄是个绘画艺人聚集的村庄，传统的宗教绘画是这个村庄人人皆会的手艺。环境的影响使他自小就受到佛教绘画艺术的熏陶，被丰富的色彩和神秘奇特的佛教故事所吸引。

1929年，夏吾才让在吾屯上庄寺院开始学习绘画，在当时很有名气的僧人画匠即他的爷爷索南旦巴指导下，凭借自身的喜好和绘画天资，他朦胧的绘画意识很快转为专心立志的奋斗目标，加上他刻苦习练，长进很快。15岁那年，他随伯父到青海塔尔寺与各地画匠一起参与寺内破损壁画的修复工作。从此，他掌握了传统绘画程序和方法要领，绘画基础得到了提高和加强。目前塔尔寺里的许多壁画均出于他们师徒之手。1941年夏开始，他协助国画大师张大千先生临摹敦煌壁画近2年，在浩瀚的敦煌艺术之海中，开阔了眼界，提高了绘画技艺水平和绘画鉴赏能力，吸吮了中国传统佛教绘画艺术和藏传佛教绘画艺术的表现形式、构图、及设色技巧。从张大千高超的绘画技法中，他得到了莫大的启示，对藏汉佛教绘画艺术有了新的认识，并在绘画实践中将藏汉佛教绘画艺术有机地结合起来，奠定了个人艺术创作的坚实的基础，迈出了在艺术道路上取得成功的决定性一步。

1943年，回到伯父身边。1945年，伯父准许他出师。此后，他带着他的艺徒夏吾洛藏等人到四川省阿坝尕尔登寺、甘肃省夏河拉卜楞寺、武威玛铁寺、青海夏琼寺、德扎寺、曲藏寺、隆务寺等寺庙作画习艺七八年，他的绘画技艺日臻娴熟，几乎不用画稿就直接构图作画。后来，他去西藏布达拉宫和印度佛教圣地“多杰丹”，欣赏和领略了名刹古寺中无数珍贵的艺术品，对绘画艺术的品赏水平和鉴别能力达到了新的高度。他在各地游览期间，一面作画，一面学习，继承并吸收各地寺院的彩绘壁画特长和技法，特别是对同仁东南部康巴地区著名画师更登的技艺专长悉心揣摩，多有吸取。

改革开放以后，夏吾才让大师从佛教题材的绘画转向历史与现代题材的绘画，将佛教绘画艺术手法应用于藏族民间史诗《格萨尔王传》《文成公主进藏》等许多历史题材、藏族民俗及反映现实生活的创作上，努力使热贡艺术表现现代社会生活。为热贡艺术的创新和发展迈出了新的一步。经过十几年的继承、发扬、创新，大师的绘画技艺日臻成熟。我们从他的代表作《释迦牟尼生平故事》（局部）中，可看出他的绘画特点：技艺纯熟、线条流畅、画面构图严谨、每个局部处理得惟妙惟肖，人物造型生动准确、色彩对比强烈、画面鲜亮，加上用金料使效果更加富丽堂皇，富有民族特色，代表了后期热贡绘画艺术的风格。他的彩绘作品集藏传佛教名家流派绘画艺术之大成，独树一帜，他也因此成为一名才高识广、名符其实的热贡绘画艺术大师。

有人说：唐卡是挂在墙上的历史和艺术。夏吾才让大师在70多年的唐卡绘制中，广泛吸取各地佛教绘画艺术之精华，苦心磨炼，博采众长，推陈出新，形成了自己特有的艺术风格。他的作品采用天然颜料，在线条勾勒、结构比例、色彩调配、人物造型等方面将印度以及国内西藏、敦煌的绘画艺术融为一体，并独创了画面线条的突出状，增强了绘画作品的立体感。而如今，夏吾才让一家四代的传奇画业已是热贡艺术中最被人称道的。夏吾才让完全投身于绘画艺术实践中，穷毕生之功于藏族绘画艺术的继承、发展、探索。直到古稀之年他仍以“烛光不灭、火焰不减”的精神，为培养下一代艺人而辛勤地工作着，他对整个“热贡艺术”事业的发展，做出了卓越的贡献。

娘本大师作品文殊菩萨。制作完成一幅普通尺寸的唐卡通常需要两三个月，至少经过五道工序（图／王玫）

画面色彩艳丽、线条流畅、经久不褪色。热贡唐卡与雕塑、堆绣、建筑彩绘等艺术形式共同组成闻名遐迩的热贡文化，极具观赏价值和艺术价值，被称为“我国民族艺术宝库中的一颗魅力明珠”“青藏高原上的一朵奇葩”，该项目已列入第一批国家非物质文化遗产名录。

唐卡卷轴画在热贡艺术中最受人青睐，对藏族人来说，绘制唐卡是件神圣的事情，大师们每次都把绘制唐卡当作是一次严肃的个人修行，自始至终遵守严格的宗教戒律，每一个环节举行特定的宗教仪式和保持平静的心态。制作完成一幅普通尺寸的唐卡通常需要两三个月，至少经过五道工序，即刷布，起稿，上色，描金，装裱。

唐卡艺术蕴涵着藏民族特有的精神价值、思维方式、想象力和文化意识，作为非物质文化遗产，唐卡艺术的重要特性是活态传承，主要依靠传承人的口传心授和言传身教。传承人既是非物质文化遗产活的宝库，又是非物质文化遗产代代相传的代表性人物，在非物质文化遗产的保护和传承中发挥着不可估量的作用。如今，启加、西合道、斗尕、娘本、夏吾角是新一代的中国工艺美术大师。

著名的藏传佛教艺术之乡同仁，藏语中称为“热贡”，意为“梦想成真的金色谷地”。在美丽的村庄，有多位民间艺人拥有国家工艺美术大师的称号。吾屯，藏语称“桑格雄”，意为狮子盆地。这里山川秀美，地灵人杰，以藏传绘画、雕塑和工艺美术著称于世，在这里无论僧侣，还是平民百姓，都会绘画、雕塑、制作银饰。个个都是能工巧匠，技艺极为精湛。观看他们的作品，实在是一种赏心悦目的享受。

撰稿专家

毕艳君，青海省社会科学院文史研究所文学研究员，长期从事文学评论与民族文化研究工作。合著有《古道驿传》《文成公主与唐蕃古道》《青海历史文化与旅游开发》等。

《古道驿传》

扫描二维码，
阅读专家代表著作的电子版

酒歌献亲人(图/葛玉修)

第6章

亦悲亦喜，都是生命意识的变奏

人生礼仪

本章主撰稿人：青海省社会科学院研究员　毕艳君

土族在漫长的历史发展过程中，不仅按美的规律创造着世界，同时也在不断地创造着负载生命的自身。求取生存发展的艰苦实践，促进了他们对自身生命的关注和思考，对生命的强烈热爱，并逐步形成了以生命为美的审美意识。在他们看来，人的生命有始有终，从降生到走向坟墓，这是人的生命发展的必然历程。亦悲亦喜，都是生命意识的变奏。

在旧时的医疗条件、认知水平下，对于一个家庭来说，新生儿带来的喜悦与对夭折的忧惧相伴，为了表达和排遣这些复杂的情感与情绪，于是产生了形式多样的诞生礼仪。在夫果尔·夫尼仪式中，他们不惜以戏谑打趣长者的方式来表达子孙延续的狂喜；为孩子认外姓干亲以获取更多的庇佑；以非凡的耐心举行繁复无比的保拉仪式求神求佛，期望子嗣平安健康；而给孩子取一个合乎心意的名字则是至关重要的事，因为每一次呼唤，都是长辈心愿的一次表达。

当生命走向成熟时，要肩负起繁育后代的使命，婚礼无疑是最标准的成人礼。丰富的歌舞贯穿土族婚礼始终，风趣幽默的迎亲对歌、感天动地的哭嫁歌都独具特色，不同的人唱着不同的歌儿，亲友们对新人的祝福，新娘对娘家的不舍、对新生活的期待，长辈对即将出嫁的女儿的谆谆教诲都通过一系列婚礼歌曲得到淋漓尽致的表达。

像其他的寿礼一样，土族寿礼也表达的是儿孙对长辈的尊敬与孝顺，但却更多了一些对生命意义的深层思考。除了以丰盛的筵席热烈庆祝长辈的寿诞，请喇嘛诵经、点燃灯烛为长辈祈福外，活丧礼是土族寿礼最独特之处。在世时就亲自参加自己的葬礼，无疑是对生命意义最好的参悟。

人生的开端之礼——诞生礼

生命的延续，民族的繁衍

生命的延续，族群的繁衍，是在新生命的诞生中得以实现的，因而，当一个新的生命降临人世间时，人们总是怀着对新生命到来的喜悦之情，用美好的礼物和独特的方式来表示欢迎和祝福。土族特有的文化使其对新生命有着自己的祝贺仪式和习俗，而这一切都成为对美好生活的赞美。

祝福声中迎新儿

土族若生男孩，便在大门左旁贴一方块红纸以示忌门，生女孩则在大门右旁贴一方块红纸以示忌门。此时，新生儿的父亲要宰杀一只灰色绵羊，让产妇披上剥下的羊皮，用带着体温的羊胃捂住双脚，吃开锅肉。七日后，亲朋女眷前来祝贺，每个人怀揣盛满红糖的布袋，连同洁白的哈达赠送给婴儿。她们根据婴儿的五官长相，以富有哲理和幽默感的语言说一些祝福吉祥平安的话。婴儿的祖父母或外祖父母还要在马群中选择一匹良驹，赠给婴儿当长大后的乘骑。在同仁地区，土族人家有新生命诞生时还在房顶吹响螺号，以告知天地诸神以及村庄各户有婴儿降生。在生育婴儿的过程中，土族地区还有一些独特的习俗和活动。

夫果尔·夫尼——骑牛贺生

夫果尔·夫尼，土族语，意为骑牛。这是骑牛以祝贺生育的一种礼俗。当土族人生了男孩特别是一家的长孙时，则被视为特大喜庆之事，全村老小（除妇女外）把

在学校学习的土族女孩（图/保广元）

孩子的爷爷请来，先要“化装”一番：翻穿皮袄，眼挂一副萝卜圈做成的“眼镜”，口叼一根麻秆做成的长“烟锅”，头戴破草帽，然后人们簇拥着将他抬上牛背，让他倒骑“夫果尔”（犏牛），在村巷里转游，四周的人们一面呼喊“当上爷爷了，当上爷爷了！”一面又拧他、掐他，不停地取乐逗笑，戏谑不止，还逼他给众人许愿，举行满月礼。这时，孩子的爷爷连连向群众许愿，央求告饶，答应众人提出的一切条件和要求，并保证如期举行盛大的满月宴会等等。待满足了众人的要求，众人的嬉闹方肯罢休。这种滑稽的表演，使祝贺活动有了一种喜剧性的美，更增添了喜庆的气氛。

满月

土族家庭对生儿育女非常重视。孩子出生后要举行极为隆重的仪式，按其习俗，男孩子在满月前一天，

女孩子则须满一个月。满月时，孩子的外公、本家长辈，以及凡来看望的亲朋好友都被邀请，给孩子穿戴新衣帽，孩子的父母会设宴招待客人，表示感谢。到黄昏时分，婴儿由其父亲抱着到大门口，迎接放牧归来的羊群，表示吉祥如意。这种习俗，可能源于土族先民在畜牧业经济时代对牛马羊的特别重视。也有人在满月的那一天早晨抱起婴儿向东走，碰见第一个人，请求给婴儿取名，认干爸或干妈，并认作亲戚来往。也有些地方在满月之晨，供奉神灵、点灯、煨桑，母子行叩头礼。尔后，给长辈端馍敬茶，请求孩子的太爷或是爷爷命名。命名后，赐名者给婴儿压岁钱，亲朋好友赠送银质的长命锁以及各种礼物。

保拉——请神护生

保拉，土族语，意为保命，是请神佛保住男婴生命的一种仪式。旧时，土族地区婴幼儿死亡率很高，特别是男孩的死亡率一般都在十之六七。土族人害怕婴幼儿遭不幸，于是求神求佛保命，由法师以神的旨意对孩子的生命担保即“保拉”。“保拉”时，法师给婴儿命名，一般被保儿童的年龄限在7、9、15岁上。在“保拉”期间禁止剃头，禁去外公和亲戚家，不准去暗房和丧葬人家，忌穿戴他人衣帽，甚至禁吃他人食物，土族人认为这样就能禳灾避祸，保其生命无任何危险。“保拉”期满的那一天，要举行剃头仪式，把具保神和司神人员请来，设案供神，奉献供品，煨桑、点灯、燃香。剃头时，让孩子怀抱一只大公鸡，跪于神前，由村内老者净手、净刀具后为其剃头。礼毕，把头发揉成球团，缝在外衣背部或左肩上，把公鸡送到“拉什则”（即鄂博）附近放生或养至老死，这种公鸡也被称作长命鸡。公鸡也被用来唤醒初生的婴儿。婴儿诞生后，有时不啼哭，家人便立即捉只大公鸡来，让它对着婴儿啼叫几声，婴儿听到外界强烈刺激声，猛力挣扎，便会吐出含在口中的污秽黏液而发出哭声，否则有夭折的危险。这种做法就叫“塔何·亥拉”，即公鸡唤醒婴儿而恢复了生命的意思。

举行剃头仪式的那一天称为“剃头日”，要献牲祷祭，从此解除对孩子的一切禁限。土族人正是通过这种仪式，把对生的忧虑和美好期望，托付到自然和神灵身上，以期生命长久。

祖先坟前为新生儿搭红（图/鄂崇荣）

寓意深刻的取名习俗

刺绣作品表达了对子女成才的殷切期望(图/保广元)

给刚出生的孩子一个吉祥美好的名字，以表达对新生命的祝福和期望，这又形成了土族人民在孩子取名活动中的一些习俗。

土族人一般有官名和小名(乳名)之分，官名即正式姓名，姓氏按宗族论字排辈，然后取福禄寿等表示吉祥如意、富贵兴隆的美好词汇组成个人名号。以前，父母一般在孩子到进入社会的年龄(如上学)时才请先生帮忙起官名，若家中无文化人或都不识字，一般无大名，女性取大名者更少，常常在小名上冠以姓即可，但是现在基本上在小孩出生后就张罗取名。

土族传统的小名命名仪式都很严肃庄重。在满月日清晨，洒扫庭院、煨桑、供献、点灯、上香后，母子叩头祭告神佛和祖宗，祈求消灾避难，护佑平安，赐予吉祥之名。然后请祖父母，或宗族里德高望重的长辈，或活佛命名。届时，由命名人给小孩取名，同时向被命名的孩子送两个馒头及钱物之类，以示祝贺。

土族取名的方法主要有以下几种：

一是小孩出生后抱去让活佛看相卜命，然后请活佛取个名字，或者由喇嘛说个吉祥的数字，由家长取名。也有的家长凭借自己听说的藏语名进行仿效。比如像尖措(大海)、旦尖(佛名)、拉毛(仙女)、格西(学位)、扎西(吉祥)、卓玛(空行度母)等等。这种命名方式体现了土族人民对神灵神权的尊重和信仰，又是一种希望和感情的精神寄托。

二是土语数词加上藏语形容词给孩子取名(尤其是女孩)。如“达拉什姐”“吉然什姐”“忒依什姐”等。其中“达拉”“吉然”“忒依”为土语数词，分别为70、50、60，表示的是祖父(母)或曾祖父(母)的年龄，一般情况下若曾祖父(母)均在，则先用曾祖父(母)的年龄；“什姐”为藏语形容词，意为平安、幸福、自在，表达了对小孩的美好祝愿。这种名字通常是由曾祖父(母)或祖父(母)起的，它一方面纪念老人们在几岁生辰时有了此孙子(女)，另一方面也体现出老人们疼爱小辈，渴望他们长寿和传宗接代的愿望，而且也反映出子女对父母的恭顺和尊敬，是土族人尊老爱幼的传统美德的体现。

三是用出生月份给新生女孩命名。这种命名的结构比较简单，即“姓氏加月份再加比喻词”。如“李腊月花”“黄正月花”“李七月姐”等。其中腊月、正月、七月代表的是女孩出生的月份；“花”“姐”代表孩子为女孩，“花”还比喻或象征美好。

四是命名中直接反映出其复杂、多样的信仰特征。这类命名是土族中最普遍、最重要的一部分，有用藏传佛教中的名词加上藏语形容词或直接用藏语形容词命名的，如“赛让(或斯让)端智”意为“长寿、顺利”，“卓玛赛让”意为“白度母(保佑)长寿”，“里木斯让”意为“龙女(保佑)长寿”，“里木宽”意为“龙女

(保佑)平安”等；有用藏语山神名加上藏语形容词或名词的，如“拉什则旦珠”“拉什则”“拉什则卓玛”等；也有姓氏加上民间信仰中的“神箭”名或后面再加一些藏语形容词的，如“黄尼当”“李尼当诺日”“李旦见”“黄旦见旦珠”；还有姓氏加上护佑神灵名再加保字或护佑神灵名直接加保字的，如“李黑虎保”“山神保”“观音保”等，反映了土族人将希望寄托于所信仰的神灵身上，希望神灵保佑子嗣平安顺利、化解灾难的愿望。

五是直接以土语形容词来命名，为纯粹的土语名，如“仙宝”，意为“最小的”。

六是为了纪念一些重大历史事件，以具有明显时代特征和政治含义的新词术语给孩子命名，如“胜利”“解放”“跃进”“文化”等。

一般说来，土族人的名字由于地区不同、年龄不同、性别不同、宗教信仰和受教育的程度不同，有着以下几点差异：与汉族杂居和受汉文化影响较深的地区多取汉语名，与藏族杂居和受藏传佛教影响较深的地区多取藏语名；经济文化发达的纯土族聚居地区多取汉语名，经济相对后发的纯土族聚居地区则少有取汉语名的，纯土族聚居的浅堖山地区多用藏语名；中年以下的男子俗名用藏语名，官名则多用汉语；而绝大多数女子，不论年龄大小、官小名合一，多用藏语名。

纳顿节中戴傩戏面具的孩子们(图/胡芳)

歌舞演绎中的仪式——婚礼

婚礼是年轻人走向成熟的通过仪式

婚姻是人类文明的产物，是男女经过社会认可的结合。土族的婚礼，一般分提亲、定亲、送礼、婚礼仪式、谢宴等程序，仪式隆重热烈。自始至终都是在载歌载舞中进行。2006年5月，土族婚礼被列为国家非物质文化遗产保护对象之一。

吉祥华美的赞歌——土族婚礼歌

土族婚俗作为一种社会现象，更多地表现出其特有的艺术性。土族婚礼融进了各种艺术活动，如要唱“道拉”、哭嫁歌、迎娶歌，要跳安召舞，要对歌等，土族的婚姻歌舞别具特色。土族的婚礼歌是由彼此独立（诸如赞歌、问答歌、诙谐歌以及舞蹈曲等）又有内在联系的一系列歌

在土族婚礼上，通常由新娘的姐姐为新娘梳妆打扮（图/保广元）

曲相互衔接组合而成的。根据次序，构成一套完整、固定并密切结合婚礼仪式的大型歌舞形式。

互助土族的婚礼歌，主要有《接纳什金妥偌》《唐德格玛》《纳信斯果》《依姐》《谢玛罗》《拉隆罗》《东家门前舞曲》《抬嫁妆箱子》《西买其瓦日哇》《赞送亲客人》《希亚然》《的尕迭》《海姐》等。这些歌贯穿土族婚礼仪式的始终，歌词内容有的生动活泼，有的严肃庄重，有的隆重热烈。

土族娶亲时的“纳什金”，即娶亲人，是最风趣、最活跃的重要人物。纳什金从到达女方家门口直至新娘上马，告别父老乡亲，始终默契合作，以歌舞应对各种仪式场面。以歌咏对是土族婚礼习俗的一大特色。当迎亲的纳什金来到离女方家不远的地方，身着盛装的阿姑们迎上前接过各种礼物，并边舞边唱。调皮的阿姑们有意责怪纳什金带来的礼物不好：“春天的羊肉被风吹干了，夏天的羊肉发臭了，秋天的羊肉白毛了，冬天的羊肉冻干了。”聪明的纳什金以歌对唱进行辩解，夸耀自己带来的各种礼物。转眼间阿姑们退进院里，关上大门，用歌连连向纳什金发问，阿姑们唱道：“我们的歌儿要回答，回答不上请回家！”有经验的纳什金彬彬有礼，对答如流。如纳什金走到女方家大门前时，阿姑们关门迎亲，在门内唱《唐德格玛》：

她们问唱：

唐德格玛——

我们土族人的子孙哪，

唱一支土族人的歌曲吧！

唐德格玛——

你从“光梅苏胡”（对男方家的尊称）家出发时，

拿什么“礼当”（指礼物）打发了你？

我们的歌儿要回答，

回答不上来请回家。

纳什金答唱：

唐德格玛——

我骑的马儿很年轻，

怎能和大马赛跑哩？

我才学着当纳信哩，

怎能和阿姑们对唱哩！

唐德格玛——

东家给我的礼当多，

我一件一件地拿来了，

“其汗羊倭”（指白色母羊）我拉来了，

抱着象征纯洁的白母羊前来迎亲的纳什金（图/任建军）

一对酒瓶我揣来了，
头绳包头我卷来了，
锦缎“旺西日”（指长袍子）我驮来了，
腰带裙子我装来了，
浅鞋木梳我没忘掉，
红的红的是胭脂啊，
白的白的是银粉哪，
你唱的歌儿给我回答。
……

这些歌曲悦耳动听，内容风趣活泼，使娶亲人啼笑皆非，观者个个捧腹大笑，婚礼的气氛十分热烈活跃。随之阿姑们拉着纳什金围绕着院中的花台，跳起欢乐的传统舞蹈——安召。纳什金领舞歌唱，阿姑们紧跟其后和声伴舞，在场的男女老少被那优美的歌舞所打动，纷纷加入到歌舞的行列，尽情歌舞到深夜。

第二天一大早，纳什金在闺门外扇动白褐衫襟边舞边唱：“天上金鸡叫了，地上雄鸡啼了，新娘上马的时候到了。”以歌声催促新娘快点梳妆打扮，早早动身。整个启程的过程中，纳什金都在随着情节的变化唱着各种内容的祝颂词。当新娘在众人的簇拥下进入新郎家门时，依旧是纳什金手捧着新娘的嫁妆，边走边唱：“各种各样的东西带来了，美丽的新娘娶来了……”表示已顺利完成了迎亲的任务。

在男方家无论答谢媒人，还是宴请喜客，各种婚礼仪式都离不开歌，土族婚礼就是在一片歌舞声中进行的。土族人民正是以优美的歌声、欢乐的舞蹈表达了对新人最美好的祝福。这种富有艺术特色的婚礼，不仅增添了喜庆的气氛，也使人们经历了一次美和艺术的陶冶，从中得到了艺术的享受。

婚礼上热闹吉祥的安召舞（图/辛元戎）

喜庆欢乐声中的悲怆古韵——哭嫁

婚姻习俗，是人类创造的文化积累，有其自身相对的独立性和稳定性。当一种婚姻形态随着社会经济发展和制度的变革而消失之后，有关的婚姻习俗却仍在传承，或以某种变相的形式保存下来，使我们从保留的一些传统婚俗中，仍能窥视到原始婚姻制度的某些影子，感受到早期婚俗文化中表现出来的某些审美意识，以及古俗在流变中表现出的一些审美特点。

土族哭嫁歌的传承与延续，据说就是历史上抢婚习俗的遗留。婚礼中的嘲亲、骂亲，对纳什金的百般嘲弄、把他们比作猪狗以及做出的敌对姿态都是抢婚习俗的遗留。远古时代的抢婚给妇女精神上带来极大的痛苦，因此她们对此十分反感，常常与男方迎亲人之间形成一种对立，久而久之，成为一种习俗流传下来，使热闹喜庆的婚礼增加了诙谐的戏剧色彩。而哭嫁又成为了整个喜庆欢乐歌舞仪式中的悲怆古韵，它既是历史古风的遗留，也是女孩们出嫁前的心声。今天，抢婚习俗已不复存在，但在特定历史时期伴随哭嫁习俗而形成的审美观念，却在土族心理结构中积淀了下来，并形成了以出嫁姑娘善哭为美的审美风尚。姑娘出嫁哭唱是否动听，歌词是否优美，往往成为公众对新娘作出审美评价的标准之一，所谓“送嫁不善哭，最美也不殊”。会哭、善哭的新娘总是受到人们的各种赞美。

因此，无论是在传统的土族婚礼或者是现代的土族婚礼上，哭嫁歌的有无，依然是人们评判这个仪式完整与否的标准。当然，随着婚俗的嬗变和发展，哭嫁原有的文化内涵已逐渐淡化，在哭声中更多的是伴以欢乐的感情，体现出浓厚的喜剧色彩。但因为哭嫁歌的存在，我们仍能感受到忧郁的历史古韵。像“女儿嫁到遥远的天际，山水相隔何时能返回，异地他乡前途何渺茫，若有一差二错遭埋怨——自古启程分离多悲伤，牵挂父母兄弟难相忘……”“在今天的日子里，就要离开爹妈，我的大大妈妈，操心了女儿一趟，受尽了寒苦煎熬，从今以后啊，再不能伺候爹妈，爹妈落了一场空，活像做了一场梦”等内容的哭嫁，都是姑娘出嫁时的真实心态，是对养育自己的父母以及兄长姐妹之间难以割舍的依依惜别之情。

趣致盎然的土族婚礼

在土族地区，以前普遍存在着早婚的习俗。当男孩长到二三岁时，有的父母便已开始考虑给他们说一门亲事。到十二三岁时，大多数父母便开始紧锣密鼓地张罗婚事。订亲之后，两家开始来往频繁。

订亲以后，男家择吉日同媒人到女家说彩礼，女家则邀请族内人作陪招待并在席间商定彩礼。

姑娘出嫁的前一天是女方家的贺喜之日，称作“麻泽”。女方家邀请亲戚挚友特别是面请舅舅和阿姑（姑姑）参加。招待客人的宴席，普通人家大都是传统三道饭宴席，富裕人家则要摆全羊席，这是土族人规格最高的宴席。宴席大多在院子里，摆上临时用木板搭成的桌子，围成一个大大的马蹄形圈子，客人依次坐在圈外，人们形象地称其为“圈圈席”。

哭泣的新嫁娘（图/任建军）

在女方家举行“麻泽”当日，男方家的娶亲队伍便会择时出发。男方家的娶亲使者叫“纳什金”（土语），一般由新郎姐夫承担，也可特邀善歌舞、有经验的两人分别担任主角大纳什金和配角小纳什金。纳什金在整个婚礼中最活跃、风趣，也是最重要的人物之一。纳什金穿白褐衫，不扣纽扣，不系腰带，敞着衣襟（其他场合绝不允许），从到达女方家门口直至新娘上马、告别父老乡亲，始终要以歌舞应对各个仪式场面。纳什金与新郎前去娶亲时，除携带迎亲礼物（新娘的上马衣着首饰、一腔羊肉、礼馍等）外，还要赶一只叫“央立”的白母羊（象征纯洁、财富，亦有为新娘赎身之意），牵一匹马（为新娘专乘）和一头驴（驮嫁妆箱用），约于女方家“麻泽”当日的傍晚时分到达女方家门口。

当娶亲人走到离女方家门几十米远的地方时，一群穿着盛装的阿姑们便会兴高采烈地排成两列，手挽手前后摆动，唱起婚礼曲《拉隆罗》以示欢迎。其中两位阿姑取下纳什金身后褡裢里的羊肉腔子，其他阿姑则放声歌唱，嫌拿来的羊肉不新鲜，味不香，不愿接受。阿姑们边唱，边徐徐后退。临近大门口时，执事人等热情迎接问候，殷勤地帮助牵马、拉羊、拿东西，并先请贵人（女婿）进家。这时阿姑们转眼间退进门内，关上大门，从门内唱起问答《唐德格玛》，要娶亲人对歌，同时从门头顶向娶亲人身上泼水。娶亲人与阿姑们对唱，直唱得阿姑们无歌以对或自己词穷歌尽，才能被邀至家中。娶亲人

纳什金在堂屋门外拼命扇动白褐衫衣襟舞蹈，由伴娘和送亲的人用白毡把新娘抬起来，并抬着姑娘绕母亲左右各转三圈，接着抬到院中绕圆槽（中央竖嘛呢旗杆）左右各三转，送到大门外上马（图/辛元戎）

来到堂屋，献上礼物后被邀至炕上，丰盛的饭茶早已备好。而阿姑们则站在窗外唱起嘲弄纳什金的《纳什金斯果》《尖加玛什则》《从哪里来的人》《你们拿来了啥》等，奚落的歌声像连珠炮似的一曲又一曲，使娶亲人啼笑皆非，观者个个捧腹大笑。随后阿姑们冲进房里，拉娶亲人到庭院、麦场上去跳“安召”舞，让其领舞领唱，阿姑们跟在其后和声而舞。为使娶亲人喘不过气，阿姑们节目不断，不停地拿扁担、草圈相要挟，逼得纳什金央告求饶不迭，歌舞一直到深夜方才结束。

新娘的分发仪式由新郎亲手解下新娘原发辫上的红头绳，拴在自己的脚脖子上，用梳子先梳三下自己的头，然后梳三下新娘头发（意为“千里姻缘一线牵，结发夫妻永相伴”），尔后解下红头绳，把梳子交给新娘的姐姐，由她给新娘改发，穿戴衣着首饰，新郎的服饰则由新娘的父亲亲手穿戴。改发和冠戴仪式结束后，将

娶亲人称作纳什金，穿白褐衫，不扣纽扣，不系腰带，敞着衣襟，这在其他场合是绝不允许的（图/保广元）

穿戴一新的新娘请到堂屋，开始由母亲或上辈妇女主持的“罗目·托日”（祝颂词）仪式，伴娘把预先准备好的经卷、柏枝、油灯、红筷、牛奶、茯茶、白羊毛、粮食等象征财产、吉祥如意的物品一一递给主持人，主持人拿起物品一一在新娘头上盘旋，边唱祝颂词，不同的吉祥物用不同的祝颂词。此时，纳什金在堂屋门外拼命扇白褐衫衣襟舞蹈，并与“罗目·托日”的主持人同唱《依姐——罗目·托日》歌。祝颂结束后，由伴娘和送亲的人用白毡把新娘抬起来，并抬着姑娘绕母亲左右各转三圈，接着抬到院中绕圆槽（中央竖嘛呢旗杆）左右各三转，送到大门外上马。

新娘出门上马启程之前，还要举行最后的一项“夫

主持人拿起吉祥的物品——在新娘头上盘旋，边唱祝颂词，不同的吉祥物用不同的祝颂词（图/保广元）

热·道达”仪式。届时，由新娘父亲手擎“扬达尔”（护佑神箭），一面在姑娘头顶挥舞，一面呼唤姑娘的名字，请留下吉祥“阿扬”的“夫热”种子，等姑娘给回声后，父亲立即回到堂屋，然后又跑至大门外，在女儿头顶上挥舞护佑神箭叫名字，如此反复三次。新娘的乘马也要回头牵三次，表示留下了吉祥“阿扬”的“夫热”种子，并有留恋和惜别之意。这个仪式一方面祝愿女儿出嫁后万事如意，另一方面又希望女儿不要带走娘家吉祥的财气。

新娘迎到婆家大门口后，新郎新娘同步跨进门坎，新郎新娘并立在毡上。喜客中推举长者或德高望重的人充当主持人，他高擎酒杯，朗诵祝词，同时往火堆上浇油，新娘新郎则向天地众神、帝王首领、父母尊长磕三个头，同时要从厨房泼一点水到院子里，以示洗礼。

端着馍招待亲家和亲房党家的婆家人，喜气洋洋（图/任建军）

送亲喜客吃过头道饭后，将嫁妆和礼品摆上案头让男方的亲戚朋友们观赏。在摆嫁妆时，不论男家女家都要“阿姑·吾拉”（哭嫁），即新娘的姐妹们陪伴着唱哭嫁歌，以诉说父母养育之恩、惜别之情。

在摆嫁妆、抬送礼品之前，还要答谢媒人，即先备齐酥油、炒面、酒、木匙等，在酒瓶颈和木匙上系一束白羊毛。届时主持人给媒人敬酒诵词，然后由其他人往媒人额头贴酥油，嘴里喂炒面，还不停地灌酒，众人高唱谢媒歌《西也其·瓦日睦》，场面热烈风趣。在婚礼中，有设旁席款待喜客和娶亲人的习俗，喜客们每到一家唱宴席曲《什朵查》，跳“安召”舞。本家族或全村联合设旁席宴请喜客，通宵达旦，对酒高歌，猜拳行令，都以能饮酒、善歌舞为荣。

新娘出嫁后的第三天早上，新娘的父亲初次认亲家探望女儿，男方家在大门口设案供锟锅馍、牛奶、枣盒、柏枝、酒器等物，隆重迎接亲家。新娘的父亲来到女婿家后，女婿家请亲房（血亲较近的宗族）党家（血亲较远的宗族）来作陪，整天以丰盛的馍、肉及烟酒款待。早晨还要举行新媳妇下炕开口仪式，即让新媳妇端一升白面，上放若干元钱，从洞房送到厨房。婆母说一段如何做孝敬长者、提携弱幼的贤妻良母，做一个守家理财、发家致富、勤俭持家的贤内助等祝词，叮嘱新媳妇不搅是非，内外有别，万事守口如瓶，做一个息事宁人的好媳妇。然后，新媳妇下厨，擀长面及准备茶饭，以此招待亲房。吃罢，各自要在碗内放钱或红枣等向新媳妇致谢，端盘人还会替新媳妇向长辈和兄嫂表达感谢，还要相互取笑逗乐，气氛热烈。致谢的压碗钱归新郎新娘。

人生暮年的隆重之礼——寿诞礼

既是对长者的尊敬，更是对生命意义的思考

远古时期，人们将自己的生命视作由天命主宰，但从人类开始冲破远古蒙昧的迷雾而走向文明社会跨出第一步的时候起，在生死问题上也就从求生的本能中开始萌发了长寿的意识。于是人们一面不断祝福新生儿长命百岁，祈求上苍保佑人类繁衍发展，一面又在用自己本民族的方式化解着老去亲人面临死亡的困惑与忧虑。

面容慈祥的三川土族老人（图/鄂崇荣）

欢歌笑语中对长寿的祈盼和向往

土族由于在历史发展过程中与汉、藏等多民族文化碰撞与交流，民间也大多留存着为老人过寿的习俗。旧时习俗，男子50岁生日谓之“五十大寿”，但如果父母健在，一般不能做寿。六十岁以下也不能叫“过寿”，只能称为“过生日”。如果叫过寿，不仅会遭到人们的指责甚至唾骂，而且还会“折寿”。俗话说“尊亲在不敢言老”，只要父母健在，即使超过六十岁，也不能在家过寿，只能是过生日。按青海传统旧俗，人们对于“六十大寿”比较重视，认为“人生六十花甲子”，以为是“一圈儿转圆了”，因此要隆重庆祝一番，但因为家中老人的健在也多有例外。老人过寿有条俗规：过九不过十。一来老百姓认为“十”是满数，寿满即到头了，不吉利。二来老百姓又忌讳“本命年”，所以在59岁的生日时，提前过六十大寿，69岁的生日时，提前过七十大寿。也就是说，做寿时都是虚岁。民间做寿七十岁为“大寿”、八十为“上寿”、九十岁为“老寿”、百岁为“期颐”，届时亲朋好友络绎不绝，个个携礼前来祝贺，场面好不热闹。出于孝道，每逢老人诞辰，子女必要举办隆重的祝寿仪式活动，大摆寿筵，广邀亲朋，登堂拜寿，以示孝心。对寿诞的重视，充分体现了中华民族尊老敬老的传统美德。

众所周知，过生日的含义，在于祈求生命的延续、健康长寿，因而在土族过寿的各种仪式活动中充满了对生命永恒的期盼与祝福。

土族人家中堂高悬福寿对联，展示着尊老敬老的传统美德（图/鄂崇荣）

一位土族老人的寿礼

2010年五一“黄金周”假期，是民和县中川乡美一村一位土族老人的73岁大寿。据说主要是因为孔子活了73，孟子活了84，所以人们认为这两个年龄是老年人的门槛，大庆大贺，以免灾避难。土族民间也有“七十三、八十四，阎王不来自己去”的说法，所以过七十三、八十四大寿较为讲究。

要过寿的老先生在退休后从县城回到了他熟悉的这个村庄。村口那条川流不息的大水渠和两边绿树成荫的小林，在带给远近村人灌溉实惠的同时，也牵着老人的一颗心。老先生早年是水利工作者，这条惠及几个村的水渠就是利用自己的所长，为乡里做的贡献，加上他在官亭公社时期对三川人民的热爱以及老家各种民俗活动的倾情参与，他在当地享有很高威望。甚至在遇到村内纠纷时还被村民推举为民间解决问题的“老者”。此外，老人还做过“纳顿”派头。如今老人的子女和孙子都在外工作，还有重孙膝下承欢，他四世同堂的盛名在当地广为传播。因此，他老人家原本农历七月的寿日也被提前到了五月的一个法定假日，以方便众多亲朋好友的前来贺寿。就这个日子的选择来看，我们可以深切感受到现代土族人民的开通和豁达。

老先生三子一女，老家典型的土族庄廓院里，最小的儿子与老人一起生活。逢此盛事，准备工作早在一星期之前就已开始。男人们在宽敞的后院里搭起帐篷、安起锅灶，女人们则打扫庭院、拆洗被褥，准备发面炸馍馍和蒸包子。这阵势，几乎能与春节的准备相媲美，甚至可以说是有过之而无不及了。

按理，寿堂一般在堂屋正厅，但考虑到来客众多，老先生的整个仪式最后都在庭院里举行。庭院中放置一张八仙桌，桌上摆着寿桃馍馍、寿糕、寿酒等，两边点着几盏酥油灯。左右两张太师椅就是寿星和老伴的座椅。桌前地上铺设了以备后辈人行礼的红毯，另一侧的一张桌子上满满的全是点燃的酥油灯，灯火昼夜不熄，象征着人们对老人长寿的祈盼和祝福。

五一这天，早晨六点钟不到，小院里就开始有忙碌的身影，先生的老伴早早起床点灯燃香，小院里很快就弥漫开一种过大日子的气氛，清新空气里漂浮着阵阵酥油和柏香的味道。八点一到，门外一阵噼里啪啦的爆竹声响起，祝寿的“外家”客人已早早来到，他们带着自家蒸的大寿桃馍馍、寿酒、布匹及带寿字的糕点。布匹俗称“寿幛”，被挂在院中天棚四周以向客人展示。寿幛上写的都是吉祥语和被送者、送者的姓名。在阵阵鞭炮声中客人与迎接他们的家伍人走入庭院，在礼桌上放好带来的物品和馍馍。俗话说得好，“礼轻礼重人的心”。因此，热情好客的土族

各种馍馍、点心，用来招待前来贺寿的人们(图/王有之)

前来给老人祝寿的晚辈（图/鄂崇荣）

人无论对什么客人都是热烈欢迎，热情招待，演绎着土族人民“一家有喜全村热闹”的精彩故事。

客人们三三两两而来，一落座就会有人端上各种馍馍和“一碗碗”（用新鲜羊肉汤做的烩菜）。由于老先生和子女们的亲戚朋友较多，因此老先生的寿日在欢歌笑语和喝酒猜拳中整整过了两天。第一天主要是老先生和老伴的外家。在仪式正式开始前，外家代表还专门发言，赞扬了老先生的高洁品德，并祝福老人健康长寿安享晚年。当主持人即老先生的弟弟宣布仪式开始时，鞭炮响起，大家纷纷上前给“寿星”披红。所谓披红，就是用近6米长的红绸，结成绣球，斜披于肩上。由于给老先生夫妇披红的人太多，红绸不断从两位老人的肩上滑落。第二天的来客大多是老先生的朋友和子女的朋友。在这种融入很多现代生活因子的仪式中，过去的传统依旧存在但已不完全是原来的面貌。孩子们可以肆意欢笑，来客们也可以自由歌唱。在小院的一阵拥挤中众人还要按辈分给老人磕头祝寿，用或成熟或稚嫩的语言表达他们共同祝愿老人健康长寿的心声，老寿星还高兴地给重孙们分发了红包。寿礼上，多才多艺的老先生高兴地唱起了土族民歌，也在“桑吉卓玛”和“尕老汉”等众人熟知的曲调中载歌载舞，尽情表达着自己的欢乐与幸福。整个过寿活动气氛热烈、热情高潮，一波又一波的演唱高峰被不断掀起，人们身心彻底放松下来，以至于我离开时还感觉意犹未尽。

参加自己的丧礼——土族寿礼上的活丧礼

像所有祈盼老人健康长寿的民族一样，土族人民也是在喜庆的氛围中给老人送上祝福。然而，作为一个有着多重民间信仰的民族来说，土族人传统的过寿礼仪中也有着与众不同的一面。前述老先生的寿礼上，就特地请来了几位喇嘛，他们不仅是来念经祈福的，更重要的是来完成土族老人生命进程中的一种仪式，即土族“活丧礼”的。这是土族历史上独有的一种仪式，在青海，只有土族进行这种仪式，现在，这种仪式在土族中也已比较少见。

所谓“活丧”，就是给还在人世的老人举行丧礼。当寿诞的活动举行到一定时候，请来的喇嘛们念诵的经文就从充满了祝福意味的长寿经转为给“亡人”念的经文。老先生的七十三大寿是和老伴一起过的，因此念亡人经的时候，两位老人都换下了过寿时特意做的寿服，换上了离世时才穿的“老衣”（即“寿衣”），并且头戴喇嘛们带来的一种称为“五方牌”的帽子，跪坐在地上，聆听喇嘛为自己念诵亡人经。在喇嘛们低沉的经文念诵声中，原本热闹的寿礼场面突然安静下来，空气似乎都凝固了，老人跪坐的姿势庄严而肃穆，仿佛是一场真正的告别仪式，宾客们表情严肃，老人的女儿和几个知晓仪式意义的晚辈已悄悄落泪。

过去在举行活丧礼时，还要让老人躺到为自己准备的寿材中，据说若是寿日这天躺过，以后就会身康体健，会长寿。因此儿女会视父母身体健康状况，在父母六十大寿、七十大寿，还有的是八十大寿时，把父母

右图：土族特有的活丧礼，两位老人换下了过寿时特意做的寿服，换上了离世时才穿的“老衣”，并且头戴喇嘛们带来的一种称为“五方牌”的帽子，跪坐在地上，聆听喇嘛为自己念诵亡人经（图/鄂崇荣）

下图：四五十位嘛呢老人身着长衫排成几排在铺有麦草的庭院里席地而坐，他们有的手拿念珠，有的手拿类似藏族转经筒的自制“法轮”，嘴里念念有词，与大房内喇嘛的诵经声交相呼应，远远望去场面也颇为壮观（图/鄂崇荣）

的棺木做好，并召集亲朋好友一起举行跪拜仪式。

在念“亡人经”的同时，众亲友会在院子里准备的另一张桌子上点燃无数个酥油灯，俗称点“寿灯”。所谓“寿灯”就是从寺庙中借来给神佛供桌上点燃的铜质灯，按36洞天、72福地、共108盏灯之数摆在一张桌子上。中心部位放一盏大铜灯，谓之“本命灯”，由“寿星爷”亲自点燃，其余由家人及亲友点燃，所点燃的灯，以结的灯花最大、照的时间最长为佳。

遵从土族的习俗，大多老人都会在觉得自己已无太多精力从事农事或工作时开始念嘛呢。因而许多土族老人都会成为“嘛呢其”的一员。“嘛呢其”类似汉族的居士，多为虔诚信佛的老人。他们每月初一、十五都要身着长衫到村庙中念嘛呢经，其余时间一般都是在自己家念经。但凡遇到婚丧嫁娶、过寿这样的的日子他们也会纷纷前来念嘛呢，继而形成嘛呢会。像老先生这样在当地有好口碑的老人过寿的大日子里，自然也少不了嘛呢其的参与。

人们对长寿长生的祈望，无疑只是作为一种理想而存在，然而它折射出了各民族对生的向往，对生命的热爱，对生存价值的认识和对美好生活的追求。

撰稿专家

毕艳君，青海省社会科学院研究员

“寿灯”是从寺庙中借来供奉神佛的铜质灯，按36洞天，72福地，共108盏灯之数摆在一张桌子上（图/鄂崇荣）

跳"於菟"的男子随鼓点在殿前垫步吸腿跳舞（图／王宁）

第7章

人神狂欢的盛会

民间节日

本章主撰稿人：青海省社会科学院研究员　胡芳

在人类学研究中，仪式是最能体现人类本质特征的行为表述与符号表述。“通常被界定为象征性的、表演性的、由文化传统所规定的一整套行为方式。它可以是神圣的，也可以是凡俗的活动。这类活动经常被功能性地解释为在特定群体或文化中沟通（人与神之间、人与人之间）、过渡（社会类别的、地域的、生命周期的）、强化秩序及整合社会的方式”。而这种民族共同的仪式通常表现为多种民族节日，土族便是一个有着丰富的节日民俗的民族，他们通过特定的仪式来表达民族心理和民族性格。

土族节日上的各种仪式，一方面是土族各种文化元素在现实生活中的象征性展演，包含着土族民间信仰、传统服饰、民间音乐、民间舞蹈、民间组织等方方面面的内容，体现着土族文化发展变迁的过程；另一方面是土族传统文化在现实生活中的实际应用，发挥着维系土族社会传统秩序、调适土族民众生活的重要功能。

土族在地域上处于汉族和藏族之间，因而在节日习俗上也深受两个民族的影响。土族跟汉族人一起过腊八、冬至、春节、清明、端午、中秋，而由于藏传佛教的普及，在许多节日上都有喇嘛的参与。同时土族也有一些本民族的传统节日和庙会，如唧唧会、青苗会、擂台会、朝山会、丹麻戏会、“花儿”会、“纳顿”节、六月鲁若、跳於菟等。土族的民间节日具有浓厚的民间信仰色彩，很多仪式和活动都是围绕着神灵而举行，以娱神为主旨，堪称是人神狂欢的盛会。

酒香四溢的希尼·挪希吉——春节

过新年是土族最隆重的节日

“希尼·挪希吉”为土语，意为“过新年”。过新年是土族最隆重的节日，持续时间很长，一般从腊八一直延续到来年的二月二。

祭神以求丰收的腊八节

土族的腊八习俗也比较独特，颇具民族色彩。这天凌晨，家家户户要到河滩上背回几块冰，立在果树或粪堆上，然后抱一堆麦草分别在地里、粪堆上和果树底下燃烧。早上吃麦仁饭，先供佛，后食用，将麦仁饭抛撒到田里，还将麦仁涂在各类果树上，用木棍敲打树身，问道：“结不结果子？”旁边另一个人回答：“结—结—结！”

过去，早饭后，孩子们要到野外祭祀山神和巴蜡爷（指专管螨虫类的神）。他们从各家各户收取青油、面

将发酵好的青稞倒入锅内加水，加盖密封，留小孔，接通气管，与冷凝器和烧酒缸相连，用慢火加温，锅内蒸汽通过冷凝器时，形成蒸馏水流入烧酒缸，便是酩馏酒（图／保广元）

粉、香表、柴禾，自己起灶炸小油饼，大家分享，并将剩余的油、面等做一锅油面疙瘩饭，舀一碗用树枝向周围泼撒一遍，口里祷告道“给天泼撒，给地泼撒，保佑挡羊娃平平安安。给山神泼撒，狼的眼睛里麻撒撒；给巴蜡泼撒，害虫不伤人畜和庄稼”。然后分吃油面疙瘩，烧香叩拜后回家。腊八节的这一习俗，是农耕社会意识的缩影，人们依靠大自然风调雨顺获得丰收，因而以各种形式来寄托美好愿望。

灶爷妮妮神位（图／胡芳）

过了腊八就是年

过了腊八后，土族人就要开始操办过年的年货和儿女婚事，直到二十世纪八九十年代，从冬至到腊八仍是土族娶媳嫁女的良辰吉日。

土族人每年都要喂一头年猪，一般是腊八过后就开始宰年猪，请吃年猪肉了。宰年猪时，除了煮大块肥肉外，猪肠里灌上油面、炒面、豌豆面及猪血，满满煮上一锅，把家伍（指亲房党家）请来欢聚一堂。从冬至到腊八，几乎每天都有人请喝酩馏酒，请吃年猪肉。

土族不过小年，但跟汉族一样祭灶神，土族叫“送灶神”。土族送灶神的日子一般是在腊月二十四。据说是因为某一个先人很穷，没能够在腊月二十三日同大家一起送灶，所以延迟到二十四日。土族的灶神外形与汉族不同，是在厨房正中的墙上用石灰点上一圈白点，中间贴上黄表，象征灶神。送灶时供白面饼子和用麦草秆编的草马、豌豆、青油灯等，祷告完后把墙上的白点铲

酩馏酒

酩馏酒，过去，土族人家几乎家家都酿酩馏酒，土族家庭主妇大都是酿酒能手。其工艺为：将青稞煮熟晾温，撒上甜醅曲，两三天后盛入缸内，加酒曲和适量水，密封缸口。保持恒温约15日。然后将发酵好的青稞倒入锅内加水，加盖密封，留小孔，接通气管，与冷凝器和烧酒缸相连，用慢火加温，锅内蒸汽通过冷凝器时，形成蒸馏水流入烧酒缸，便是酩馏酒。为使酩馏酒具有独特色味，土族人还常常将初酿的青稞酒密封在酒瓶里，深埋在羊圈或屋内炕沿下（为保持适当温度而选），过一年半载取出来添满酒再埋。如此几次，酩馏酒便呈浅黄蜜状浓汁，闻起来香气扑鼻，喝起来味道浓烈，如果贪杯，就会在不知不觉中酩酊大醉。

猪头肉

土族传统节日食品。土族人一般都养有年猪，吃年猪有讲究。按习俗，土族人大年三十要吃猪头肉，以迎接新年的到来。猪头烹调时要用白水囫囵煮，除了盐，基本不放其他调料，煮好后要在八仙桌上献供，然后才可以切开，全家人围在热炕上，蘸醋和辣酱吃，肥而不腻，十分鲜美。

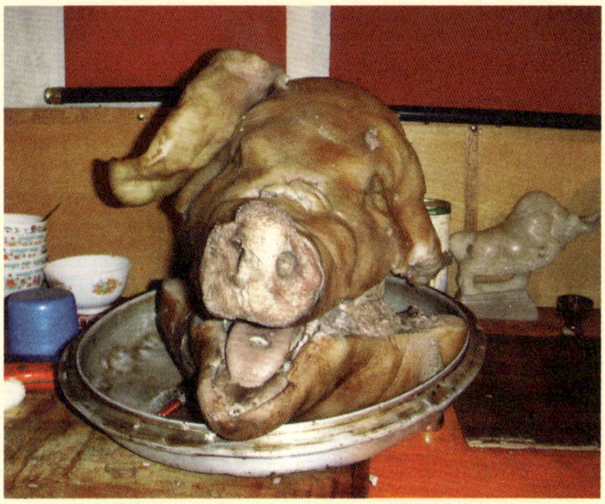
土族人大年三十要吃猪头肉，以迎接新年的到来（图／胡芳）

巧手的土族妇女制作包子（图／保广元）

掉，将草马烧掉，就表示灶神已上天走了，腊月三十，重新点上白点，表示灶神又回来了。民和土族的灶神是女性，叫做“灶爷妮妮”（即灶爷奶奶），是在厨房东北角墙上用黄泥、白石灰涂一个圆圈，圆内贴有一张黄纸，上写“东厨司命灶君娘娘之神位”或“东厨司命之神位”，黄纸下绘有两匹灶马，还放着一块供板，用来点灯和供馍。过去祭灶时，要供菱形网纹的灶饼、糖瓜儿（用小米做的饴糖）、豌豆、麦草、油灯和香，祷告灶神“见了玉帝进好言，下界多带吉祥保平安”。如今图方便，就供“普适佐”（土族传统油炸食品）、水果、豌豆、梳子、油灯等，而且除了家里有六七十岁的老人，一般人家已不再举行送灶爷仪式了。

大年三十，人们要自觉归还平时借用的家具和其他物件，打扫房屋和庭院，在神龛前摆放供品，献酥盘（嵌有红枣的大馒头），在大门和房门上贴对联、钱马。按传统习俗，这时除主人邀请外，一般人不得串门。傍晚，人们会到祖坟上坟烧纸，晚上吃长面条，意为长寿。之后，全家人讲故事，猜谜语，饮酒唱歌，吃猪头肉，通宵不睡觉。互助土族认为三十晚上睡着了魔鬼会来秤身子，会让人倒霉一年或得病。这一晚不能吵架，否则家中不吉祥。如今，土族人受汉族影响，年夜饭也吃饺子，三十晚上也看春晚。

凌晨，鸡叫第一遍后开始接神，人们在庭院中燃起一堆麦草火，在院槽或屋顶煨浓烟香桑，在各神位之前点灯，然后祭“腾格热”（土语，指长生天），迎请诸神下凡到各自位置。民和土族则在大门背后和畜圈点灯，给畜圈点灯时还特意让女人开门，认为这样来年牛羊下崽多。迎神时，互助土族的家庭主妇还要从锅里舀上一勺茶加上两枚红枣向天空泼洒，以示敬神敬佛，然后给全家每个人舀一碗茶，两枚红枣，这叫年茶。茶后青壮年人登上山顶煨桑，放禄马，人们认为禄马放得越高，当年的运气越好。民和土族则去村庙进香祈福，回来后去祖坟烧纸，给祖宗拜年。天蒙蒙亮时，小孩和新婚妇女们穿戴一新，给家里的长辈拜年，然后拿上一瓶酒去庄子里同姓的人家拜年，老人给小孩和新婚妇女发压岁钱。从正月初二到十五，到外庄及远处亲友家里拜年。

正月十五，土族人晚饭要吃肉馅或油面馅的馄饨，在馄饨里包上两枚铜钱，如有人吃到包有铜钱的馄

饨，就认为其今年会有好运。等夜幕降临之后，人们在大门口堆7个小麦草堆，点燃火把引燃麦草堆，全家老小连续跳三次火堆，以祛邪消灾，执火把者挥舞着火把，喊着“去了！散了！”将火把送到山顶或荒郊野地里，土族人认为送火把能驱邪，在新的一年中大吉大利，无病无灾。过去，跳冒火时，年长者观察火光色彩，如火呈暗红色，认为今年丰收在望；如火光发白，则认为今年会出现旱灾。跳冒火前，还要在各个房屋打醋弹，以消毒驱邪。

丰富多彩的春节活动

土族的春节娱乐活动丰富多彩，且有地区差异。过去，在互助地区，男女老少集中在宽敞的巷子或麦场上，踢毽子，打秋千，打毛蛋，妇女们常在场上拉成圈子唱歌跳舞，叫做“道拉”，其实就是跳安召舞。土族妇女打秋千的技术十分高超。现在，互助土族过春节主要

上图：喇嘛纳顿中的华旦护法神（图／胡芳）

下图：土族千人踏雪共跳安召舞庆小年（图／王存海）

喇嘛纳顿中的大威德金刚护法神面具（图／胡芳）

跳安召、转轮子秋。

民和土族春节期间则看喇嘛纳顿、耍“阳廓”。喇嘛纳顿于正月初五和初六日在朱家寺、文家寺举行，届时，喇嘛们有跳舞活动，表演的主要节目有《法王舞》《察汗考考儿》《阿杂拉》《多楚》《巴吾巴莫》《乌鸦护法舞》等。“阳廓”是秧歌两字的变音，其实是土族社火，春节期间，从腊月二十九到正月初七，民和三川地区的大多数土族村庄要轮流跳“阳廓”。各村“阳廓”队由“阿海”（即灯官老爷）、旗牌、仲良（即八大光棍）、拉花姐、交子关、妖婆子、锣鼓手、小阿海等人员组成，参与表演人员均为男性。土族阳廓的角色和节目与汉族社火基本相似，也有白场和夜场。白场是先敲锣打鼓到村庙进香，然后走街穿巷，到打麦场表演，边跳边唱民间小调。跳夜场时，先耍龙灯、走旱船、唱灶火小调，然后在戏台表演《张良耍赌》《彦贵卖水》《牧童放牛》《小姑贤》《八大光棍》等民间小戏。如今，朱家寺和文家寺的喇嘛纳顿仍每年举行，但土族“阳廓”自20世纪90年代中期以来就已逐渐停办，昔日“锣鼓喧天闹新春”的气象已不复现。

正月十五日，民和三川地区中川乡民主沟和鲍家村要举行“来宝”傩祭活动。民主沟表演“来宝”的是一老一少，头戴面具，反穿羊皮袄，腰束彩绸。他们先和村民们一同到村庙祭祀村落保护神九天圣母娘娘和摩竭龙王，随后上村里的藏传佛教寺院元通宝佛寺拜年，向佛祖献舞，然后到各个僧舍和村里各家举行纳吉仪式。相比民主沟“来宝”而言，鲍家“来宝”表演人数较多，有十几个，主要角色有“来宝”爷爷、奶奶、儿子、儿媳、孙子、孙媳、重孙及畜群等，还有两个牧羊人“扎西”和“索南”及数十名敲锣打鼓、摇旗呐喊的青年人，他们先到鲍家庙上香祭神，在庙前的农田里举行春耕仪式，然后走街串巷，逐户拜年，驱邪纳吉。

普适佐

“普适佐”是土族传统节日食品，亦称“翻跟头”“牛肋巴”，是土族民间传统的节日油炸食品。其做法是将青稞面加水发酵，将发面擀薄，切成宽6厘米、长21厘米条块，中间顺长切为10厘米缝，然后把一端从中缝翻过来，形如牛肋骨，炸之即成。民和三川土族的普适佐有好几种，春节期间炸的主要有二种：“熟过普适佐”（即大普适佐），其做法是把发面调和揉匀，把面团揉成弧形长条，表面抹上清油，然后切成1厘米左右薄的5个齿条，中间把齿条均匀掰开，两头一捏齿条凸起放到油锅炸熟；一般普适佐，其做法是将发好的面擀薄，中间切二刀，然后抓住一端，将另一端从中缝翻上，下入油锅炸熟。

普适佐是土族传统节日食品（图／胡芳）

绽放在盛夏的土乡花儿

花儿会是土族民间的音乐节

土族民间音乐节——丹麻花儿会

丹麻花儿会和五峰山花儿会一南一北，都是互助土族自治县闻名遐迩的花儿会，均于2006年入选国家级非物质文化遗产项目。丹麻花儿会因在土族聚居的丹麻镇举办而得名，是当地最富有土族文化色彩的民间歌会。关于丹麻花儿会的来历，民间流传着一则动人的传说：

很久以前，丹麻地区连年干旱，当地群众为了求雨，杀猪献羊，组织祈祷仪式。祈祷中群众边说边唱心中的痛苦与人间的不幸，其中一对土族青年男女唱啊唱，一直唱了三天三夜，直唱得精疲力竭，奄奄一息。这时，天空突降大雨，挽救了无数生灵。大雨过后，人们发现两位青年不见了，雨雾中的丹麻滩里出现了两棵亭亭玉立的白杨树。这天是农历六月十三，为了纪念这两位青年和感谢上苍的恩赐，人们便在每年的这天举办花儿会。

据专家考证，丹麻花儿会起源于明代后期，盛行于清代、民国及新中国成立初期。丹麻花儿会最早是当地土族群众为祈求风调雨顺、五谷丰登而举办的朝山、庙

花儿会上青年男女对唱花儿（图／保广元）

人们围坐在林间草地上，认真聆听歌手的演唱（图 / 保广元）

会性质的集会，现已成为演唱土族花儿、展示土族民族风情的民间音乐节。

最美的季节，最美的歌

丹麻花儿会一般在每年的农历六月十三举行，会期为5天。那时正值盛夏，是当地一年中最美的季节。届时，在高原灿烂的阳光下，各族群众穿戴节日服饰，从四面八方蜂拥而至，来到丹麻镇的草滩河边、林间路旁、桥头和会场，聚在一起席地而坐，猜拳行令，饮酒对歌。在熙熙攘攘的人群中，身穿七彩服饰的土族姑娘们格外引人注目，她们穿着鲜艳美丽、式样各异的民族服装，互相争奇斗艳，将整个会场渲染成了花的海洋。而在那一张张绯红而羞涩的面容下，说不定就隐藏着个金嗓子。事实上，她们中的大部分人能歌善舞，是天生的歌者和舞者，更是唱花儿的高手。

土族称花儿为“哈达过道”，意为在外面唱的歌，是土族情歌的重要组成部分。土族花儿语言质朴，比喻形象，情感表达含蓄委婉，在句式、结构、音律等方面有自己独特的特点，并因其曲调优美、委婉动听而别具一格。土族花儿的曲目命名一般用曲调内特有的衬词、句为曲名，如“红花姐”“尕阿姐”“杨柳姐”“梁梁上浪来”“尕连手”等，也有按地方名称命名的，如“东山令”“丹麻令”等。

花儿是情歌，丹麻花儿会也是土族传统的情人节，在远处祁连山山顶的雪峰辉映下，在绿色的麦浪和金黄色的油菜花衬托下，土族姑娘们的服饰更加艳丽动人，土族花儿的旋律也更加高亢多变。土族青年男女们在

扫描二维码欣赏民歌
《经堂里的阿妈》

会场上歌声传情，用花儿表达对爱情的向往与追求，享受爱情的甜蜜与生命的律动。勇敢的小伙子拦在了美丽的阿姑前面，大胆地用歌声传达自己的爱慕之情：

樱桃好吃树难栽，
树根里渗出个水来；
心里有话口难开，
少年里问候着你来。

互助县有个金刚寺，
往上价看，
有一个盘坡的路哩；
阎王爷展开个生死簿，
识字人说，
我俩缘分儿有哩。

还有恋人相见，手拉着手，花伞遮面，用花儿表达热烈的情感和彼此对爱情的坚守：

三两三钱的耳坠儿，
穗穗儿打肩膀哩，
把尕妹好比个豆瓣儿，
打开时活吸上哩。

胡麻花开成大蓝伞，

年长的歌手正在唱花儿（图／保广元）

水红花开成了牡丹，
若要我俩的姻缘散，
长江黄河的水干。

土族歌手们大都用汉语演唱花儿，但有时也情不自禁地将本民族语言夹杂到花儿中，因此产生了汉土合璧的“风搅雪”花儿。如：

蚂蚁头儿两头儿大，
介希登你那仁达怀哇，
（土语，意为“你十七来我十八”）
介达活罗赛你达怀哇。
（土语，意为“我俩儿配对啃美啊”）

除了唱花儿以外，兴致盎然的土族歌手们还趁着酒兴唱土族传统民歌，如赞歌、问答歌、叙事长诗等，展现个人才艺，曾有学者在丹麻歌会上收集到《阿柔洛》《兴加洛》等土族传统情歌曲调。在整整5天的时间里，丹麻镇的田间地头、树林河滩里，处处人头涌动，彩衣飘扬，歌声阵阵，人们放开歌喉，纵情歌唱，用花儿抒情说爱，表达内心的喜怒哀乐，使丹麻镇方圆数十里的田野成为了花儿的海洋。

人们陶醉在花儿的美妙歌声里（图／保广元）

多民族共享的节日——同仁六月会

热贡六月会是以祭祀活动为主的宗教性节日

神巫和世俗的交响

热贡六月会，藏族人称为“周贝鲁若”，土族人称为“六月纳顿”，是流传于青海省黄南藏族自治州热贡地区藏族、土族聚居区的一种古老而神秘的民间传统宗教节日。一般在每年的农历六月十七日至六月二十五日举行，大约有50多个藏族、土族村落参加。热贡六月会是以祭祀活动为主、贯穿歌舞表演的、盛大的宗教性节庆活动，它是以神巫为中心、以村庄为单位分别举办的大规模的民间传统仪式活动，其内容包括迎神、神附体、供献食品、煨桑、献牲、祭拉什则、放风马、插铁钎、开红山、舞蹈娱神、情歌演唱、诵经、送神等一系列仪式，其主旨是通过祭祀本村保护神以祈求风调雨顺、五谷丰登、人畜平安。

热贡六月会源远流长，其历史渊源尚未定论，民间流传说法很多：一是来自天神说。传说六月会来自天神们的一场战争庆典，是以西王母为首的十二位仙女表演的神舞被转世到人间的天神在藏王赤松德赞时带到热贡扎毛地区。二是来自甘家藏军说。唐蕃两军在今同仁与甘肃夏河乡交界的甘家等地交战，藏军为庆贺胜利跳起军舞，龙神显灵与人们一起欢庆，从而留下了“勒什则”舞。三是祈龙降水说。500年前，今四川甘孜

上图：人们载歌载舞，祈祷五谷丰登，六畜平安（图／王玫）
左图：年都乎村穿着盛装去敬拜山神的人们（图／王玫）

地区的唐春巴大喇嘛派弟子青才智格到浪加部落传播佛教，青才智格请浪加人在赛龙洼泉水附近修了一座龙庙，让他们为龙舞蹈，于是便留下了为龙舞蹈、祈龙降水的习俗。四是元末明初蒙古军说。传说蒙古军为反对战争在热贡地区毁掉所有武器，人们为庆祝这一义举，举行祭神祝福活动，延续至今。这些民间口传资料是同仁地区民众的集体记忆，折射着淹没在历史烟尘中的文化信息，说明热贡六月会的历史十分悠久，而其起源与热贡地区历史和宗教信仰有着密切联系。

隆务河畔的热闹节庆

同仁地区举行六月会节日庆典活动的土族村落有吾屯、年都乎、郭麻日、尕撒日四寨子，这四个寨子被藏

军舞（图／任建军）

族人称为“加车子玉乌”（即汉寨子），其节日仪式和活动与藏族村寨有一定差异。其中，郭麻日和年都乎的土族六月会颇具代表性。郭麻日六月会的序幕早在农历五月份就开始了，每年的端午节，村子里的男人们要到村后的角当山拉什则煨桑，先到的人在拉什则处喝酒、唱拉伊，燃放自制的爆竹，声音越大越好。人到齐后，开始煨桑、放风马，之后，去山神庙煨桑。吃完中午饭后，村民们扶老携幼，到隆务河畔春游。人们在树荫下铺上羊毛毡，喝酒，唱歌，欢声笑语，其乐融融。

郭麻日的六月会要持续好几天，村民们称之为“那顿”。从农历六月十七至十九日，轮值为六月会做后勤的人家十分繁忙，要打扫莫洪山神庙，将收到的粮食磨成面，用清油炸馍馍，为村里的六月会做准备。六月二十日下午，村里的年轻人要将莫洪山神庙里的神轿抬到隆务河边，在神轿上插上被称为“黑将麻”的植物，再抬到一户人家，全村人到他们家煨桑，然后把神轿抬到莫洪山神庙。

郭麻日村六月会中所跳的舞蹈主要是军舞，舞者们穿清一色的白衬衣，外罩藏袍，头顶以假辫缚着红、黄、绿相间的毛巾，手拿长约1米的五彩木棍。每次舞蹈前，先要转圈。领舞人左手拿一小斧，右手拿绿色人头的面具，边舞边做砍杀的动作。转够23圈后，舞队排成两行，两行中间的一端是拿着鼓的法师，在法师的指引下，舞者一边呼喊，一边冲向对方，互相击打对方的棍子。再转圈，然后做类似摔跤的动作。

位于隆务河西岸的年都乎是土族聚居的村庄，约有300多户人家，2000多人口。村内有一座古城，称为“年都乎”堡，为明代屯军处，城内现住着农户，城墙基本保存完整。还有一座藏传佛教寺院和本教寺院，藏传佛教寺院称为“年都乎寺”，村北的山顶上还修有山神庙，殿名为“二郎神殿”。年都乎人称六月会为“黑香”，于每年的农历六月二十日举行。

年都乎人认为他们的神舞总共有13段，但现在已不太完整了。首先开始跳的是被称为“木尔古”的男子舞蹈，“木尔古”为土语，意为磕头，表演向四方神灵祭拜的动作。然后依次是“勒合西齐”“牙日加齐”“古如”等男子舞蹈。在跳“古如”时，法师要念诵一段神秘的经文。然后是一名男子踩着高跷的“冈航齐”。之后是被称为“跑斗齐”的女子舞蹈，女子舞蹈队由村里18岁以下的未婚女

“上口钎”。由法师给自愿的年轻人在左右腮帮扎入钢针，也称为“锁口”。寓意防止病从口入（图／王玫）

“上背钎”。将10-20根钢针扎在背上(图/王玫)

子组成,领头的叫“感果”,是村里人品、相貌、舞姿均十分出众的姑娘。这些姑娘们从头到脚都穿着华贵典雅的民族服饰,她们身穿红色或蓝色锦缎缝制的斜襟、双侧开衩长袍,袍袖上镶有宽约17厘米的蓝色袖沿,内穿淡黄色锦缎大襟衬衫,绣花高领露在圆形大翻领内,脖子上戴着硕大的珊瑚项链,耳朵上戴着长长的镶有红玛瑙或绿松石的金银耳环。她们的头发一律中分往后梳,在后颈部套着年都乎、吾屯等村土族妇女的著名头饰“跑斗”。

相比女子舞队的服饰来说,男子舞队的服饰跟其他藏族村落大致相似,头上戴着折叠的毛巾或白色红缨帽,身穿各色彩绸缝制的衬衣,外套被称作“日拉”的藏装,露右臂,颈上系着红绿两色彩绸带子,套蓝色绑腿。在男女舞队表演的过程中,还表演用土语称为“塞柔”的滑稽小品,该小品主要是模拟村庄里发生的趣事,引起观众们的阵阵笑声。举行“却巴西和”(藏语,意为撤下供品)撤供仪式后,年都乎村的六月会基本结束。村里的年轻人们抬着彩绸飘飘的神轿走村入户,挨家巡回,将神灵请到了每户村民家中,为各家祈福祷祝。而各家也献上粮食和美酒,感谢神灵的护佑。

六月会上有各种祭神请神迎神送神的表演气氛热烈(图/王玫)

世界上最长的狂欢节——纳顿节

纳顿节是三川土族人庆祝丰收的狂欢节

丰收之年，酬谢神灵

纳顿节又称“七月纳顿”“纳顿会”，是三川土族人庆祝丰收的狂欢节。每年的农历七月，当金黄的麦子收回了家，喷香的油菜籽榨成了油，丰收的喜悦在大地上铺展时，欢快的纳顿就从历史的深处走来，在整整两个月的时间里，欢庆的锣鼓和“大好”声沸腾了三川地区六个乡镇上百个土族自然村，其规模之宏大，场面之隆重，格调之欢快，持续时间之长为世所罕见，被誉为“世界上最长的狂欢节”。

那么，这个世界上最长的狂欢节是何时起源的呢？学界众说纷纭，民间也有诸多传说，而大部分学者认为，纳顿节在明代时逐步形成，到清代时基本定型。但实际上，纳顿节一直处在不断的发展、变化和完善之中，如纳顿节的祭祀主神二郎神可能是在清末或民国时期才被接纳进纳顿的节日体系之中。说起二郎神，就要说到土族纳顿节中一个非常有趣的现象，即三川土族人中普遍传说，二郎神、九天圣母娘娘、摩竭龙王、四郎神、锁劫大帝等祭祀神祇是偷来的，而其原供奉地无一例外是临近的甘肃，这也从一个侧面隐隐约约地说明土族纳顿节跟临近的甘肃有着某种地缘文化的联系。

纳顿节是以丰收之年酬谢二郎神和其他地方神的名义举行的，它实质上是三川土族人的庙会。但与中原和其他民族的庙会所不同的是，二郎神是土族纳顿节中的主神，是三川地区地方神中地位最高的神，其全称为“清源妙道护国崇宁真君川蜀大帝”，当地土族人又

纳顿节中的二郎神从何而来

汉族民间信仰中有好几个二郎：灌口李冰二郎，赵昱二郎，变化通神的杨戬二郎等。而土族纳顿节中的二郎是这三个中的一个吗？他真实的身份究竟是什么呢？从纳顿节中的喜讯唱词、二郎神的供奉牌位、庙里的壁画及民间传说中看，土族纳顿节中的二郎不再是汉族民间传说中的某一个二郎神，他身上融合了杨戬二郎、赵昱二郎和李冰次子二郎的神性形象是土族人根据民间传说、信仰意识和自己的生产、生活需要而新造的一个神灵。二郎神跟纳顿节中的其他祭祀神灵一样，在三川土族人的民间信仰中担负着治水、抗旱、保佑庄稼丰收、人畜平安等重大职责。纳顿会期间，二郎神要巡游三川地区的大部分土族村庄，接受村民们的香火和膜拜。

纳顿节是以丰收之年酬谢二郎神和其他地方神的名义举行的（图 / 胡芳）

亲切地称他为“河州帝帝”。二郎神的神像分为坐神和走神两尊，走神是专门用来在青苗会和纳顿节期间巡游的神像，被供奉在中川乡吴张家村二郎庙中。而吴张家村二郎庙的选址据说与民国时期被称为“朱喇嘛”的土族先贤朱海山有关，民间传说二郎神传入三川地区之后，各村庄都抢着要修二郎庙，朱海山为解决争端，便让人骑着马从东南西北四个方向往三川的中心地带跑，结果大家都跑到了现在吴张家二郎庙所在的地方，在庙址上发现了一窝很大的蚁群，认为是神灵的旨意，最终将庙修在了那儿。而从民间传说中所透露的历史信息看，二郎神信仰最初传入三川地区时，并没有马上被整个三川地区的土族民众所接受，而是有个逐渐接受并将其推崇为区域性主神的过程。这期间，朱海山先生起了重要的推动作用。

纳顿节上使用的木鼓，木制鼓身，绘有鲜艳的龙纹、云纹图案，鼓面饰以太极图（图／鄂崇荣）

欢乐且规整的仪程

纳顿节是以村落为单位轮流进行的，各村的会期分为小会和正会两天，而各村的活动早在小会这一天就开始了。届时，在夏日晴朗的阳光下，遮蔽在浓密的

由前来祝贺的客人与本村主人共同表演的“会手舞”，人数可以多达上百人（图／任建军）

树荫下的土族村庄洋溢着节日的喜庆气氛。众所瞩目的纳顿会场设在村中平坦宽阔的草滩上，绿茵茵的草滩上早早就搭起了一座白色帐篷。帐篷里面搭起了神案，供奉着本村庙神的神轿，神坛上香烟缭绕、烛光闪烁。下午，由村民们推选产生的主持纳顿节各项事务的大小派头们前往邻近村庄，在震耳的鞭炮和锣鼓声中将二郎爷的神轿迎请到本村的纳顿会场上，沿途不时有村民叩拜二郎神。在土族人的信仰观念中，举行请神仪式后，神灵就降临了纳顿会场。因此，小会这一天，村民们还要就祛病驱灾、求子、祈福等原因，向二郎神和庙神许愿和还愿。他们牵着已经洗刷干净的白色大羯羊，抱着自家精心饲养的大公鸡，来到纳顿会

场，在二郎神和庙神的神轿前焚香奠酒，磕头膜拜，祈求神灵的护佑。

正会是各村纳顿节的正式会期。一大早，在震耳欲聋的鞭炮声中，纳顿节正式开始了。走在最前面的那两位戴礼帽、穿白长衫和黑褂子，左手执彩旗、右手拿彩扇的老人正有板有眼地摇摆着身子，平时步履蹒跚的他们此时舞姿轻盈，神情喜悦，在纳顿节中重新焕发了青春。队伍中舞步最粗犷动人的要算是鼓手了，那是一群虎背熊腰的小伙子，穿青"班什"，腰系彩带，挎一面沉甸甸的大鼓，舞姿却依然矫健，他们挥舞着手臂，将鼓敲得震天响，那响亮的鼓声老远就能听到。按老、中、青顺序列队的会手们在神帐前转了一圈又一圈，他们左右侧身，纵情起舞，间或引吭高喊"大好哟好"，宣泄丰收的喜悦，声调愉快高亢，十分有感染力。

庆祝过程中，邻村的会手们也会前来祝贺，共庆丰收。主队会手队伍立即出发，到几百米远的村口迎接。两支会手队伍挥舞着彩旗，敲锣打鼓，喊着"大好"向对方致意问候。两支队伍相遇后，隔着老远，主队的几位老者就端着酒，拿着香急步向前，他们在客队会手队伍前焚香敬酒，客队的老者也向主人祝贺一年庄稼丰收、人畜平安。这时，年轻人兴高采烈地抬着庄严的神轿，摇摇晃晃地在会手队伍中来回奔跑，让心中的神祇与庄稼其们分享丰收的欢乐，祈求他们来年给予护佑。举行完合会手仪式后，会手队伍按主队在前，客队在后的顺序回到纳顿会场上，各自围成一个圆圈，井然有序地摆阵法：一字长蛇阵、二龙戏珠阵、中心八卦阵……队形变幻不定，看得人眼花缭乱。会手们个个脸上绽开了笑容，纵情地喊，纵情地舞，满场彩旗飘扬，锣鼓激越，整个会场陷入了欢乐的海洋。

舞了一圈又一圈，会手们舞累了，喊哑了嗓子，便齐齐地坐在场边。这时，两位拿着锣的少年上场，用稚嫩的嗓音吟诵"报喜"词，两位白发苍苍的老者上场，祷颂请神的"答头"词，最后是主队和客队的老者轮流唱歌颂二郎神和对方村庙神的"喜讯"，这期间，有穿着白长衫的壮年人在旁边拿着粗木棍左右击打，表演象征将军演武的"打扛子"。这是纳顿节最庄严最神圣的一刻，

节日上的人们，穿青"班什"，腰系彩带，挎一面沉甸甸的大鼓，舞姿矫健，他们挥舞着手臂，将鼓敲得震天响（图/任建军）

“朵玛”，源自藏语，意为祭祀神灵的“食子”。由藏传佛教僧侣用糌粑和酥油捏制成圆锥形的山形状，朵玛在藏传佛教活动中用于供奉神佛，驱除鬼怪（图／鄂崇荣）

诙谐逗趣的《庄稼其》表演（图／任建军）

土族庄稼其们用“答头”词将各方各界的神灵请到了纳顿会场，用言词华美的“喜讯”赞颂心中神祇的服饰穿戴、坐骑器具，同时热忱地表达“国泰民安闹平安，风调雨顺丰收年”的美好愿望。在这唱了几百年的歌声中，土族人曾匍匐在神像面前，用全身心去膜拜神灵。今天，这歌声却更多的是作为民族传统文化中一个古老的环节而存在，久久回荡在土族人心中。

唱完了喜讯，会手们退出了纳顿会场。人们顶着酷热的日头，散坐在会场周围，欢欢喜喜地观看古老的傩戏表演，土族人称之为“面古子”。第一个上演的节目是被称为“纳顿根本”的《庄稼其》，主要演示父亲给儿子传授生产技艺的故事。上场的是一家四口，其中，老庄稼其的面具呈暗黑色，额头布满了皱纹，加上舞者舞步沉稳，活脱脱一个饱经沧桑的老农。儿子的面具则稚气可爱，一副少不更事的模样。从剧情看，父亲一心想让儿子学种庄稼，但顽皮好动的儿子一会想要赌博，一会想做买卖，就是不愿种庄稼，待老父亲和场上的老者们一番教诲之后，才回心转意学种庄稼。他在学习驾牲口犁地时，竟然做出了违反农业常识的“倒驾犁”动作，此举气得母亲在一旁直摇头，父亲则冲过去，狠狠一巴掌将儿子打得翻了个筋斗，引得满场观众哄堂大笑。整个剧情诙谐幽默，寓教于乐，不仅散发着浓郁的生活和泥土气息，还反映了土族先民从游牧生活向农耕生活演变的历史过程。

《庄稼其》之后还有哑剧舞蹈《五官》，表现群雄战吕布故事的《五将》与桃园三结义故事的《三将》。在这两个舞剧中，最终均由关羽杀掉武艺高强的吕布。这不符合历史真实，却迎合了土族民间对关羽的崇拜心理。三川土族深受汉族儒家忠义思想影响，特别崇敬关羽，关于他的故事在三川地区广为流传，官亭镇城根村还修有关帝庙。纳顿节中的三国戏和土族人对关羽的崇拜，是汉文化在土族纳顿节中的遗留，充分显示了土族文化和汉文化相融合的事实，是中华民族各民族你

三将面具（图／胡芳）

中有我、我中有你的有力表征。

最后一出傩戏是《杀虎将》，又称《杀虢将》，是一出拟兽面具舞蹈，反映了土族先民的生活状况。在这出戏中，以老虎为代表的猛兽危害百姓的生命和生产安全，他们拍手、跳跃、翻跟头，气焰十分嚣张，而戴着凶恶的牛头面具的杀虎将挥舞双剑，为民除害。《杀虎将》不仅展示了土族先民与自然界猛兽斗争、艰难生存的历史，还折射着土族早期图腾崇拜和原始宗教的一些影子。

傩戏结束后，在紧锣密鼓中，法拉上场发神，代表神灵收取钱粮，宣告神谕。法拉发神时，除了将场边悬挂的宝盖、钱粮等供品挑下来焚烧外，还要向人群抛撒各家上供的蒸饼。土族人认为纳顿会上的蒸饼具有治病消灾、带来好运的功效，因此，大家都抢着去接，或当场分食，或带回家给家人吃，以分享神恩。

纳顿节的最后一项是送神仪式。客队的派头们举着二郎神的龙旗，敲锣打鼓地将二郎神轿抬走。就这样，一个个举行纳顿会的土族村庄，依次将二郎神请到自己的纳顿会场中，让村民膜拜，一直到农历九月十五，三川地区最后一个纳顿会——朱家纳顿结束后，二郎神才“走”完了其长达两个月之久的巡游三川之旅，返回吴张家庙，而三川土族人的狂欢盛典——纳顿节也就此落下了帷幕。

上图：老人举着亲手绣制的物品，献祭本村神灵（图/任建军）
下图：正准备上场表演“三英战吕布”等武戏的群众（图/任建军）

古羌遗风——跳於菟

於菟是古羌民族部落崇虎图腾的曲折反映

法师头顶五佛冠，手执羊皮鼓（图 / 王宁）

跳“於菟”（老虎）是黄南州同仁县年都乎村土族特有的一种驱邪纳吉的民间祭祀活动，关于其源流，学界说法各异。如最初将於菟活动以文本形式公之于众的乔永福认为“於菟，是属于楚风古舞，是楚人信巫崇虎的遗痕”；中国社会科学院民研所的秦永章研究员认为於菟舞“与古代巴楚地区的崇虎之俗一脉相承”；赵宗福教授认为於菟起源于西部羌人；刘凯先生认为於菟是古羌民族部落崇虎图腾的曲折反映，是古代羌文化的遗存。而从民间口传来看，有霍尔王所留、忽必烈时就有、清朝第三世嘉木祥协巴转世灵童从拉卜楞寺带来三种说法，跳“於菟”习俗究竟从何而来，其渊源是什么，尚需学界进一步考证研究。

虔诚庄重的准备

年都乎村的跳於菟是一项综合性的民间文化事象，其内容包含念经、邦、跳於菟等一系列民俗活动。跳於菟活动的序幕是从念经开始的，每年农历十一月初五日起，村内宁玛派寺庙的法师在本教寺庙中念平安经及相关山神赞词，感谢神佛在本年度保佑村里平安、丰收，并祈祷来年风调雨顺、五谷丰登、人畜平安、吉祥如意。宁玛派的僧人们则从初五至初八到各自然村念经，初九日集中到寺庙中会餐。初十至十三，集中在宁玛派寺庙中念莲花生大士的经，以及玛卿神、二郎神、夏琼神、念青神等诸山神和保护神的经。十四日汇集到年都乎村和村民一起念经。在宁玛派僧人们诵经的同时，初九至二十日，藏传佛教寺院年都乎寺的喇嘛们在活佛主持下念“平安经”，祈求本寺所辖地域来年五谷丰登、人畜两旺、平安吉祥，而村里也要将“六字真言经”和“平安经”平均摊派到各家各户，要求大家到二十日时念完。在此期间，妇女们集中到年都乎老寺院内念经，男子们集中到寺后的小寺院内念经，有专人统计每人所念经的遍数。整个念经活动从初五开始，一直持续到二十日为止，除了学生和干部，其他人都要参加。

“邦”是音译，对跳於菟进行过长期调查的唐仲山教授指出：“当地人说不清‘邦’为何种语言，亦不知其寓意，而猜测说法主要有3种：情人幽会；结伴成伙成帮；交换，即‘邦’期间要互换‘邦馍馍’等礼物。”跳於菟之前，年都乎村的村民们要于农历十一月初八、十二、十四、十九日分别举行4次“邦”活动。初八早晨，头年选的人家要将山神庙中的二郎神神像请回家中供奉。法师预先剪裁了很多“克特日”，克特日是符纸幡，木棍一头切缝夹上折叠成扇状的白纸，下面粘一条剪成旗子样的长纸条。在制作克特日的同时，法师还派几个人去村里收取邦馍馍。邦馍馍是用锟锅做的，先将和好的面在家人尤其是病人身上粘吸，然后放入锅中烤制成中间有孔的馍馍，堆放在二郎神像前的净台上，再把克特日插在馍馍上，在神前供奉一夜。次日村里的孩子们跑来领克特日，据说能驱邪赐福保健。

跳於菟仪式上使用的多种食品（图／保广元）

晚上，村内青年男女携带着馍馍、哈达、酒等物集中到举行邦的人家，将所带物品放到佛像前的供桌上，然后按性别分坐在两边。法师挑选6名男子，每名男子各自持奶茶、酒、线香、邦馍馍、酥油灯等六种物品，围圈站立，依次回答法师的问话，如你手里拿的是什么、你汉语说得好还是藏语说得好、你有没有相好的等。问完后，被问者要表演节目，唱拉伊、流行歌曲，若不会就学驴、鸡叫等声。表演完后，法师用牛角卦占卜，如一正一反就通过，反之继续表演，到占卦通过为止。如此逐一提问表演，举行6遍。问答后男

跳於菟（图／王玫）

女对歌，选定意中人，并交换邦馍馍、葡萄、糖、核桃等邦礼物，而后选地方幽会。十二日、十四日和十九日的邦活动与初八日大体类同，只是十四日的邦在主持法师家举行，十九日的邦在山上的二郎神庙中举行，只许村中男子参加，女人不得上山。十九日的邦除了问答、唱拉伊外，还有一个重要的任务是确定第二天跳於菟的7名人选。届时，青年男子们到法师前报名参加跳於菟活动，法师根据年龄、体质等状况选择人员，一般岁数在十四五岁以上且身体较强健的为适宜人选。邦活动结束后，法师宣布人选名单，7名於菟人选向二郎神像磕头，与法师一起留在庙里。

古老神秘仪式的重现

二十日是跳於菟的正日子，这天清晨，村民们要彻底打扫院子房屋，将垃圾清扫出门。女人要洗头，男人要理发，借出的东西尽数收回，村民们不远出，不花钱，亦忌讳做买卖。大约在下午两点，让人期待已久的於菟仪式开始了。在零下十几度的严寒中，跳於菟的7名小伙子脱去上衣卷起裤腿，裸露上身及大腿，用庙内积攒下来的香灰涂抹全身，再由村内画师用墨汁（以前用锅底烟垢）将其脸部、上身和腿部绘以虎豹斑纹，用白纸条扎起头发，向上竖立。化妆完后，法师头顶五佛冠，手执羊皮鼓，其助手执锣，於菟们面向二郎神排成两列单膝下跪于殿前，两手竖持一根约2米长、插有克日特的柏树枝。当年的庙倌则给於菟们口中灌酒，法师和助手在殿前下跪击鼓敲锣诵经，之后起身拜四方位，法师出殿门后用酒瓶向於菟们灌酒，於菟们饮酒后与法师、助手一起不再说话。饮酒后，众於菟起身随鼓点在殿前垫步吸腿（即单膝轮流提起）跳舞片刻，接着出庙，在庙外场地沿顺时针方向绕一周。等跳到路口，鞭炮及枪声鸣响，五个小於菟沿便道跑下山丘，两个大於菟和法师、助手随鼓点缓缓下山。小於菟则跑到年都乎古城的西

如果家中有病人，他们一定要从病人身上反复跨越几次，表示祛病除邪（图／王宁）

北角，攀墙而上，上到城内人家屋顶，分南北两路，从墙上翻越进入城内人家，在别人家中单腿吸跳，如果家中有病人，他们一定要从病人身上反复跨越几次，表示祛病除邪，他们还要将人家预先备好的羊肠、羊肉等用嘴叼住，并用柏树枝将邦馍馍串起来，再翻墙进入下一家。由于串的邦馍馍太多，有专人提着布袋跟在小於菟后边，串满柏枝就收集到袋子中。兴奋的孩子们跟着於菟来回奔跑，村内狭窄的巷道两旁聚满了看热闹的人群，甚至有村民带着亲友站在自家庄廓房顶上，居高临下地看於菟。

在临近法师家时，小於菟们小心翼翼地绕行，绝对不能进去。然后，他们接着穿墙入户，即将接近东城门时，两路小於菟和大於菟、法师等会合，并列为纵队缓步起舞。此时，村民们鸣枪放炮，齐声高喊，於菟们

跳於菟活动结束后，表演者用冰冷的河水洗去画在身上的斑纹（图／王玫）

像受惊一样飞速冲出城门，跑到结着冰的年都乎河边，将柏枝和所串的邦馍馍都扔进河里，用冰冷的河水洗去斑纹，然后开口说话，将衣服穿戴整齐后回村。村民们在沿途燃起火堆，参加跳於菟的人从火堆上跃过，以示燎尽邪气，法师和助手则在城外另一地点燃火烧符，亦开始说话。之后，众人回家，整个於菟仪式就此结束。意犹未尽的观众们也慢慢散去，古老的年都乎村又慢慢恢复了往日的平静。

跳於菟的文化内涵

年都乎村土族跳於菟的习俗古老而神秘，具有丰富而独特的文化内涵。首先，年都乎村的跳於菟活动是多民族文化融合的产物。同仁地区在历史上是多民族文化交汇的地区，羌、吐谷浑、汉、藏、蒙古、回等民族都曾在这片土地上繁衍生息，从而形成了以藏传佛教为主体的多元民族文化。在跳於菟的系列活动中，既有虎图腾崇拜的西羌文化遗存和萨满教驱疫除邪的遗风，也有盛大的诵经求平安丰收的藏传佛教信仰活动，体现出了鲜明的多元文化色彩。其次，跳於菟活动具有现实的文化功能。年都乎村的人们认为，每年的农历十一月二十日是“黑日”，是疾病流行、野兽出没的日子，因此在这一天要跳於菟，驱邪逐疫，求得全村平安，而之前举行的诵经和邦活动是为了答谢神恩，祈求神灵保佑全村来年五谷丰登、平安吉祥，跳於菟活动不仅给了年都乎村民们心灵的慰藉，还维系了他们传统的信仰、习俗和礼仪，增强了宗族的凝聚力和向心力。最后，从实质上说，跳於菟是一种通过虎图腾舞蹈逐病祛邪的驱傩仪式，是一种古老而原始的民间祭祀活动，具有较高的民俗学、宗教学、文化人类学、民族学等多学科研究价值，对其进行实地考察与研究，不仅能让人领略土族民族文化的神秘魅力，还可以获得许多珍贵的有关土族历史、原始信仰、哲学思想、民间艺术等方面的文化信息。

他们将各家预先备好的羊肠、羊肉等用嘴叼住，并用柏树枝将邦馍馍串起来（图／王宁）

撰稿专家

胡芳，土族，青海省社会科学院研究员。

走进春天的原野,走进彩虹般绚烂的土族(图/王玫)

第8章

来青藏高原寻找彩虹故乡

走进土族

本章主撰稿人：《青海社会科学》 编审 张前

虽然地处青藏高原，但是比起雪山、圣湖的自然景观，土族要为远道而来的客人呈上的更多的是无比丰盛的文化盛宴。土族先民慕容鲜卑从我国东北的大兴安岭一路向西南迁徙到河湟谷地，带着游牧文化的基因，又在历史的长河中逐渐转向农耕文化。土族先民吐谷浑建立的吐谷浑王国，在少数民族政权中最为持久，历时350年，英才辈出，在历史舞台上留下了浓墨重彩。而河湟谷地位于青藏高原与黄土高原之间，黄河天堑分隔两边，使得这里成为战略要塞、交通枢纽。同时汉藏文化交汇之地的地理区位，使土族受到两大文化的显著影响。中原儒释道文化与西藏佛教本教文化、北方萨满文化也都在土族文化中留下烙印……但是土族并未被如此多强有力的文化淹没，而是博采众长、兼容并蓄，吸纳多民族优秀文化为已用，凭借充满智慧的处世哲学形成了像彩虹一样绚烂的民族文化。他们的衣食住行、礼仪节庆中处处印刻着民族的历史与文化，彰显出民族的信仰与性格。只有走进去，走到土族人的日常生活里，走到他们的文化空间里才能真正的理解土族。

同时，这片沃土也并不仅仅是土族人的家园，从时间维度看，早在5000年前，已有先民在此地生活。大型地震泥石流灾害瞬间封存先民的生活场景，凝固了一个个惊心动魄的灾难画面，造就了被称为“东方庞贝古城”的喇家遗址。而土族人与居住在同仁地区的藏族同胞一起致力于佛教寺院艺术的发展，共同创造了令世人叹为观止的热贡文化。这些也都是来到河湟谷地的客人不容错过的。

到土族的文化空间里去

你想见到的土族文化，互助土族故土园里都有

著名人类学者高丙中教授称土族是居住在文化空间里，实在是极为准确的描述。土族人穿着彩虹花袖衫、头戴扭达尔，绣盘绣，唱花儿，跳安召，转轮子秋，过长达三个月的纳顿狂欢节，在婚礼上唱三天三夜的歌……土族的文化都在他们的日常生活里。若是要想充分领略土族风情，恐怕要在土族人家住上一年之久。但若是去互助土族故土园，就可以在较短的时间内，集中看到土族文化的方方面面。

互助土族故土园里的青稞酒坊(图/保广元)

到高度浓缩的“彩虹部落”去

位于青海省海东市互助土族自治县的互助土族故土园，是继青海湖和塔尔寺之后的青海省第三个国家5A级旅游景区。故土园包括彩虹部落土族园、纳顿庄园、天佑德——中国青稞酒之源、西部民俗文化村、小庄民俗文化村等园区或村落。它向游客展示了极具特色的土族民俗文化、发育完好的高原生态系统、古朴神秘的宗教文化、地域民族特色浓郁的饮食文化和青稞酒文化，是最全面、最纯正、最真实的以“土族文化”为核心主题，集游览观光、休闲度假、民俗体验、宗教朝觐为一体的综合性旅游景区。

在彩虹部落土族园，游人可以在安召广场上观看音乐舞蹈表演，并与土族同胞们一起跳集体舞蹈安召舞。人们结队围成圈，按顺时针方向转动，边唱，边舞，边转动，歌颂人畜两旺，五谷丰登。此外，你还可以亲自去体验欢庆丰收的轮子秋，这种活动十分惊险刺激，你可以在众人的欢呼声中飞起来，展示自己的勇敢与灵巧。土司府则呈现了土司统治时期土官府邸的面貌，立体再现了过去土司工作生活的场景。府内的土司断案情景剧诙谐幽默，常常逗得游人开怀大笑。而土族庄廓院则是传统的土族民居，院内陈设布置反映着土族人民的宗教信仰、空间布局，以及审美偏好。最吸引人的当数在这里举行的土族婚礼展示，被列入国家级非物质文化遗产的土族婚礼可

有着三百多年风雨沧桑的标志性建筑威远鼓楼（图/保广元）

互助土族自治县威远镇鼓楼，始建于明天启四年（1624），高18.9米，三层，木结构建筑，雕梁画栋、飞檐斗拱、雍容大方。四角悬挂风铃，脊上饰以琉璃走兽，蔚为壮观。岁月流逝，如今的鼓楼从最初的军事设施演变为互助的“形象大使”，成为名扬四海的互助青稞美酒的商标图案

安召舞是土族世代传承的集体歌舞形式，每逢过年过节，迎宾送客，走亲访友，相互祝福，土族人就会跳起欢快的安召（图/保广元）

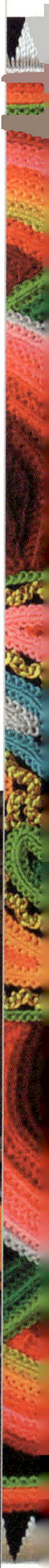

彩虹部落土族园(图/保广元)

谓是土族饮食、服饰、音乐、舞蹈、民俗等最全面而集中的呈现。土族人的欢庆大事，一定不要错过。

除此之外，在纳顿庄园的金花剧场，还有专业的舞台表演，演出将土族花儿、服饰、盘绣、婚礼等国家级非物质文化遗产以不同形式呈现给中外游客，分土族民俗歌舞演出和《花儿印象》大型文艺演出。

土族互助青稞酒名扬世界，“互助”“天佑德”为中国驰名商标，而“互助”还是中华老字号品牌，这样醇香的美酒究竟是如何酿造出来的呢？在天佑德——中国青稞酒之源就能找到答案。

到“高原明珠”北山公园去

在深入了解土族民族文化之余，你也可去互助北山国家森林公园感受青藏高原东北部的生态环境。这个森林公园因其美丽的风景和丰富的动植物资源，被誉为青海高原上的“风光明珠”“植物王国”和“天然动物园”。

公园总面积1127平方千米，海拔2100—4308米，森林覆盖率64.3%，林区山川壮丽、峡谷幽深、两岸陡峭、险峰耸立、岭谷相间、谷底流水湍急。公园内天然林具有明显的垂直分布景观带，针叶林、阔叶林、高山灌木丛和高山草甸等共同构成了丰富的自然景观，是青海省内自然生态系统最完好的区域之一。

风光旖旎的互助北山国家森林公园（图/视觉中国）

探寻先民的生活遗迹

这片土地在史前就有人类生活的痕迹

河湟谷地不仅是土族先民吐谷浑人的家园选择，在5000多年前，人类就已在此活动，它是黄河流域人类活动最早的地区之一。在民和县境内，有一座被考古学界称为“东方庞贝古城”的大型史前灾难遗址——喇家遗址，历史比意大利庞贝古城还要悠久，2001年被列为中国十大考古发现之一。喇家遗址规模宏大，重点面积约为20万平方米以上，有结构完整的半地穴式窑洞建筑、独特的“壁炉”、大型祭坛、墓葬、多重环壕、中心广场等，让今人得以了解史前人类的生活面貌。

“东方庞贝古城”——喇家遗址

根据考古学家考证和推测，大约在距今5300年前，人类迁移到官亭盆地这片黄河北岸的富庶之地，建造聚落，进行农业生产，过着安宁平静的生活。但是青藏高原与黄土高原过渡区的地质断裂带一直十分活跃，5级左右的中等地震频发。终于，千余年后的这一天，一场烈度达到八度、震级在6—7级的地震突如其来，许多的窑洞在瞬间彻底坍塌，人员被埋。地震同时引发了严重的山体滑坡泥石流灾害，大量红色黏土突然涌入，充满窑洞，而地震仍在持续，地层还在运动，窑洞结构进一步损毁，填充进入的流质红色黏土又被不断压实板结。同时研究者发现黏土层中间夹杂有波纹沙带，它表明在地震时或还伴随着附近黄河洪水的泛滥，汹涌的洪峰冲垮河边台地后，不断涌进了当时受泥石流灾害的半地穴式建筑。这个悲剧可能是两个灾难同时作用造成的。在遗址中可以看到，大量的人类骨骼都被红色黏土直接包裹。灾难发生时，当时居住在这里的人类几乎完全没有反应时间，喇家聚落受到的是毁灭性的打击。这场复合型的巨大灾难凝固了聚落里人们最后的一刻，展现了一幅幅令人震撼的画面，也保存了许多研究史前人类生活的重要资料。

在遗址中有一具成年女性遗体，她身靠墙

喇家遗址（图/鄂崇荣）

壁，面朝房屋入口跪坐在地上，右手撑地，左手搂抱一个婴儿，还用脸颊紧贴着婴儿的头顶，这就是喇家遗址中最震撼人心的“慈母佑子”场景；在同一个房间的西南角，另一成年女性也是面向门口，双手紧紧护卫着身边的4个儿童。相邻的房间，在靠近房屋入口的地面上，俯卧着一个成年女性的遗骸，她头朝向房门，身躯下护着一个婴儿，而在她身后，还有一个背朝大门匍匐在地的儿童。

千年临津古渡早已完成了历史使命，成为青海、甘肃两地居民的静谧家园（图/丁生智）

可能是世界上最早的面条

灾难瞬间除了凝固下感人至深的母爱场景，还机缘巧合地保存了最早的面条实物。如今，面条是一种世界性的食品，几乎每种文化里都有，小麦、大麦、玉米、水稻、红豆、绿豆、红薯、土豆等，都能制作面条，深受人们的喜爱。但是面条是何时起源于何地，一直都有争议。我国最早可追溯到距今约2000年的东汉时期。食物不易保存，考古实物通常很难获得，而喇家遗址由于灾害发生在瞬间，泥沙快速堆积、掩埋、密封，竟然完整保存了一个盛有面条的陶碗。这个陶碗中的面条很可能是世界上最早的面条实物证据。经科学检测可知，该面条以粟（小米）制成，据此可以了解喇家聚落居民的饮食文化、工具使用、农作物种类等信息，甚至进一步推测当时的气候与土壤环境，是非常珍贵的文物资料。

除了喇家遗址，还有距此地不远、同在三川境内的临津渡。黄河在此地作为分界线将甘肃和青海隔开，过去渡口有渡船或是羊皮筏子供人渡河。临津渡是黄河上著名的古渡口，也是丝绸之路南道的重要通道，中原和西域的许多物资通过这里交换，许多的高僧大德、名人要员也从此处通过，甚至隋炀帝入青海也是走临津渡。当游客乘坐汽车从如今横跨黄河的大河家大桥上飞驰而过，迅速抵达对岸时，暗暗揣测皇帝当年如何渡河，是否会生出几分优越感呢？

喇家遗址中最震撼人心的“慈母佑子”场景（图/视觉中国）

古刹名寺林立，热贡金色谷地

这里是孕育宗教艺术的热土

河湟谷地多名寺

土族信仰丰富多元，但以藏传佛教为主，因而也建立了多座著名的寺院，值得前往探寻一二。如峭壁之上的白马寺、“高原上的皇家寺院”却藏寺，洞天别开的天门寺、群山深处的扎隆寺、享有“湟北诸寺之母”美誉的佑宁寺……

白马寺，藏语称为“玛藏观”，系藏传佛教格鲁派寺院。白马寺又称觉化寺，取意于西藏佛教后弘鼻祖喇勤·贡巴饶赛于此地“自觉”“化众”，开启后弘法道，直到圆寂的典故。白马寺大殿依山而建，凿孔架梁，似凌空而起。殿分三层，上为佛堂，供奉贡巴饶赛的塑像，还有他的两位师长和参加他授比丘戒仪式的另两位汉族和尚的塑像，中为经堂，下为僧舍。殿西有石窟，窟内有金刚佛石雕像，故该寺亦称金刚崖寺，后改为白马寺。白马寺总面积4516平方米，全寺由居于半山崖的经堂、僧舍、石窟、金刚佛像和大佛塔组成，独具特色。

佑宁寺始建于明万历三十二年（1604），全称“郭

佑宁寺大殿前的广场上，僧侣们正在准备跳羌姆的法事活动（图/王玫）

轮子秋。让我在雪地上尽情地撒欢(图/王存海)

位于同仁县城的热贡艺术博物馆（图/张经纬）

隆弥勒洲寺”，简称郭隆寺。1732年，雍正帝赐名佑宁寺。在清康熙鼎盛时期有大小经堂、僧舍、昂欠等2000多个院落，僧侣7000多人。佑宁寺著名的五大高僧活佛章嘉、土观、松布、却藏、王佛，不仅以其精深的佛学造诣，迅速提升了格鲁派在清代一枝独秀的宗教地位，还在维护多民族国家的统一，特别是蒙藏地区的政治稳定和文化交流与繁荣等方面发挥着不可替代的作用。二世章嘉作为安多和蒙古等广大地区的宗教领袖，和达赖、班禅、哲布尊丹巴一起被尊称为“黄教四圣”。章嘉、土观活佛都位列清廷赐封的八大驻京呼图克图之序。同时，佑宁寺以名僧辈出闻名于藏区，其学风、经卷、画、建筑等闻名于世。

热贡艺术巨匠心

同样是因为藏传佛教在河湟谷地的广泛传播，兴建了大量寺院，宗教艺术也随之兴旺起来。在同仁地区，大量僧人和戍边将士投入寺院建筑彩绘和雕塑工作，孕育和积聚了众多艺术巨匠和文化大成者，共同促成了热贡文化的雏形。热贡是藏语中对同仁地区的称谓，意为金色的谷地，在这里诞生了热贡唐卡、壁画、酥油花、堆绣等精美绝伦的宗教艺术作品。历经数百年，逐渐形成了以地处隆务河中游的吾屯上下庄、年都乎、

娘本大师代表作《释迦牟尼三世佛》局部(图/王玫)

吾屯，过去系指同仁土族地区，它并非系指一个村庄，而是指同仁县隆务镇以北呈带状分布的隆务河两岸的五个自然村落。隆务河以北，有一片面积约45平方千米的谷地，土壤肥沃，灌溉便利，树木蓊郁，花果满枝，农业生产条件极好。图为上吾屯（图/王玫）

同仁六月会中，捧着馍的娃娃，馍比脸盘都大（图/任建军）

郭麻日、尕沙日等数个自然村为中心的文化带，逐渐确立了在整个藏区多元文化中的统领地位，被认为是我国艺术水准最高的地区之一。

热贡艺术主要集中在吾屯、年都乎、郭麻日、尕沙日等土族、藏族聚居村，数百年来村中男子十有八九都传承着从宗教寺院传入到民间的佛教绘塑艺术，其从艺人员之众多，群体技艺之精湛，叹为观止。漫步在这些村落中，随时可见正在绘制唐卡的艺人，或是展示中的唐卡作品，浓郁的艺术氛围萦绕在整个隆务河河谷。在热贡画院和热贡艺术博物馆中，都可以集中欣赏到热贡艺术的作品。

在同仁接受艺术熏陶的同时，也可前往探访神秘的年都乎或郭麻日古堡。古堡既是民居，也是军事要塞，狭窄的巷道、高耸的围墙，穿行其间犹如进入迷宫一般。同仁也曾是西羌居住地，若是在农历十一月前往，还可观摩到奇特的跳於菟习俗，这种习俗是古羌人的虎图腾崇拜在土族的留存。想象一下这样一幅神奇的画面：住在军事要塞古堡里的土族人，以精湛的技艺绘制藏传佛教中的佛经故事，继承了古羌遗风，在年末时节进行跳於菟的神秘习俗。大概这就是土族文化开放、包容的最好证明了。

撰稿专家

张前，青海省社会科学院《青海社会科学》副主编、编审。

互助县哪啷（法师颂神）活动中盛装的土族女子（图/任建军）

“中华民族文化大系”牢牢把握为祖国各民族做一张历史文化名片的编辑宗旨，以人为本，从细节入手，力争展示每个民族的亮点、特点和发展过程中的关键点。这套“集大成”之作，从撰稿到出版，历经数载，凝聚了众多专家学者的心血，得到诸多领导、同仁、读者的关心与支持，亦参考借鉴了相关研究成果，因体裁所限，未能逐一标注，特此申明，并深表谢意！

需要说明的是，书中部分文字、图片、音乐、视频等，经多方努力，仍未能找到相关作者或著作权人的联系方式。作者或著作权人如发现请随时与我们联系（meimin56@163.com），我们在核实后将奉上稿酬。

民族文化丰富而博大，繁复而琐细，虽已尽全力核查、考证，但挂一漏万，肯定还存有不少谬误，恳请读者批评斧正。

本书编委会

2017年6月

图书在版编目(CIP)数据

高原彩虹 ：土族 / 鄂崇荣主编. -- 上海 ：上海锦绣文章出版社：上海文化出版社，2019.12
(中华民族文化大系)
ISBN 978-7-5452-1926-5

Ⅰ. ①高… Ⅱ. ①鄂… Ⅲ. ①土族-民族历史-中国②土族-民族文化-中国 Ⅳ. ①K283.1

中国版本图书馆CIP数据核字(2019)第219852号

上海文化发展基金会图书出版专项基金资助项目

审图号:GS(2020)1222号

责任编辑 李 平
整体设计 周艳梅
美术编辑 费红莲
督 印 张 凯

书 名 高原彩虹——土族
主 编 鄂崇荣
出 版 上海锦绣文章出版社 上海文化出版社
出 品 上海故事会文化传媒有限公司
(200020 上海市绍兴路74号 www.storychina.cn)
发 行 上海文艺出版社发行中心
(上海市绍兴路50号 200020)
印 刷 上海雅昌艺术印刷有限公司
版 次 2020年6月第1版 2020年6月第1次印刷
规 格 787×1092 1/16 印张 12.5
书 号 ISBN 978-7-5452-1926-5
定 价 85.00元